Michel Simon

ANDRÉ KLOPMANN

MICHEL SIMON

Editions Slatkine
GENÈVE

Sur une idée conceptuelle de René Coeckelberghs

ISBN 2-05-100918-X

1

Page 2: Michel Simon dans Fric-Frac *qu'il jouera au théâtre et qui, au cinéma, deviendra un classique inusable.*

1: Dans Miquette et sa mère, *d'Henri Diamant-Berger.*

2: Dans Austerlitz, *l'une des grandes fresques d'Abel Gance.*
3: Dans Pierrot-la-tendresse; *sous son aile, Dany Saval et Claude Brasseur.*
4: Sous la direction de Denys de la Patellière, dans Le Bateau d'Emile.

2

3

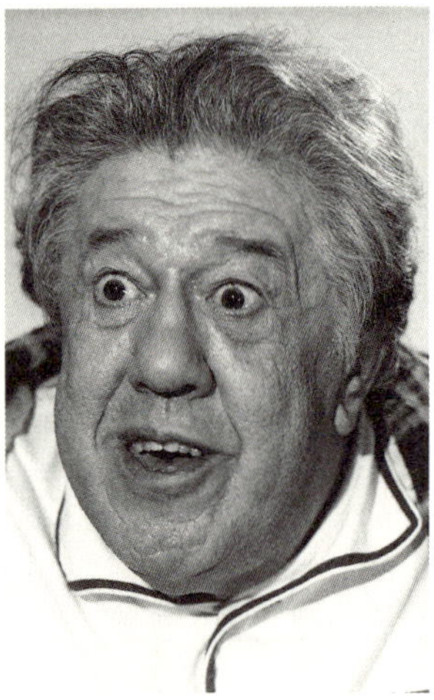

4

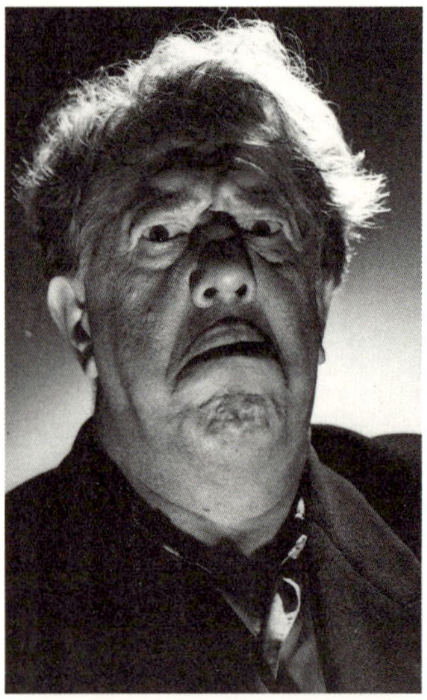

5

5: La Poison *de Sacha Guitry donne à Simon une nouvelle énergie, en 1951.*
6: La Dame de l'Ouest, *de Karl Koch compte parmi les films mineurs qu'à tournés Simon...*
7: Leonviola fait de Simon un avocat dans Les deux vérités.
8: Un goût certain de l'exotisme. Ou serait-ce pour provoquer un peu? A cet art-là, le comédien genevois excellait aussi.

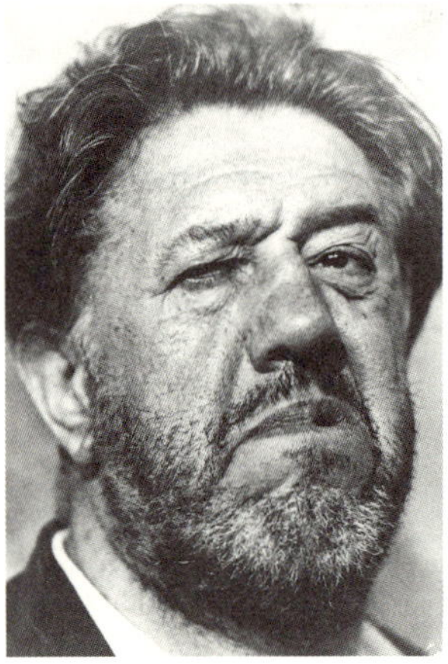

7

8

Recherche iconographique:
Anne Hauser-de Coulon

Conception graphique:
Franz Gisler, Lucerne

Reliure: Schumacher S.A.
3185 Schmitten

Impression et photolithographie:
Imprimerie Slatkine
Genève

Il a toujours fallu, au cinéma, entretenir quelques héros négatifs; comme des exutoires de nos propres travers, de nos craintes et de nos petits effrois de tous les jours. En général, les acteurs mythifiés dans cette catégorie-là ont beaucoup donné d'eux-mêmes. Certains ont pris plaisir à soigner leur image, allant parfois jusqu'à devenir odieux dans le souci, aussi, de faire se colporter de nouvelles histoires à leur propos. En même temps qu'ils étaient capables de trésors d'humanité, ils se faisaient les révélateurs sensibles de toutes les petites bassesses de leurs contemporains. Obscurs signaux d'alarme, vainement lancés... W.C. Fields était de ceux-là. Charles Laughton aussi. Et en France, dans ce registre, personne n'a égalé Michel Simon.

Le prodigieux Père Jules de *L'Atalante* contrebalance le Faust de *La Beauté du diable,* le Zabel du *Quai des brumes* ou le Molyneux de *Drôle de drame.* Trois réalisateurs: Jean Vigo, René Clair, Marcel Carné... Michel Simon non seulement a porté à l'écran des rôles d'anthologie mais, de plus, il a traversé les plus riches heures du cinéma français. Travaillant ainsi avec les plus grands cinéastes, il a côtoyé de même les acteurs inoubliables de ce temps, comme Arletty, Berry, Gabin, Jouvet ou Raimu.

L'homme était pour le moins complexe, voire paradoxal. Incapable de discernement, il a tourné chefs-d'œuvre et navets. En outre, de méchantes fées l'ont doté d'une propension certaine à plonger tête baissée dans des situations fâcheuses. Il était carrément maladroit. Dandy, érotomane, hypocondriaque, fier et sensible... On peut ainsi aligner les qualificatifs, il n'en restera pas moins que ce formidable interprète, en particulier, de rôles torves, doté d'une *gueule* qui lui tenait lieu de fond de commerce, reste une énigme en bien des points.

Michel Simon est né en 1895 dans la même rue que l'humaniste Rousseau. Comment cet autre enfant de Genève, qui sera lui, non seulement révolté mais franchement misanthrope, est-il devenu le génie turbulent et novateur que l'on sait, découvreur avant l'heure des principes de l'Actor's Studio et même d'un procédé photographique? Analysant en parallèle sa vie et ses rôles, parfois imbriqués, ce livre tente de cerner le caractère d'un personnage totalement hors du commun, acteur mille fois imité mais toujours inimitable. Les travaux préalables de Paul Guth sur le comédien de théâtre, de Freddy Buache sur l'acteur de cinéma et de Jean-Marc Loubier sur l'homme nous ont aidés; aussi

Couverture: Portrait de Michel Simon par Luc Rockenbauer, huile.

Affiche pour Monsieur Taxi, *un film d'André Hunebelle: en pleine gloire, Michel Simon tournera, durant cette seule année 1952, pas moins de huit films.*

tenons-nous à remercier ici ces auteurs. Des rencontres personnelles et le fruit de nouvelles recherches ont enrichi le propos. Or, à chaque fois que la lumière paraît se faire sur une démarche, un choix ou un acte de Michel Simon, *à la scène comme à la ville,* il apparaît alors, dans sa personnalité, un nouveau pan de mystère... De sorte que, déroutante et fascinante, l'histoire de sa vie se déroule comme un roman.

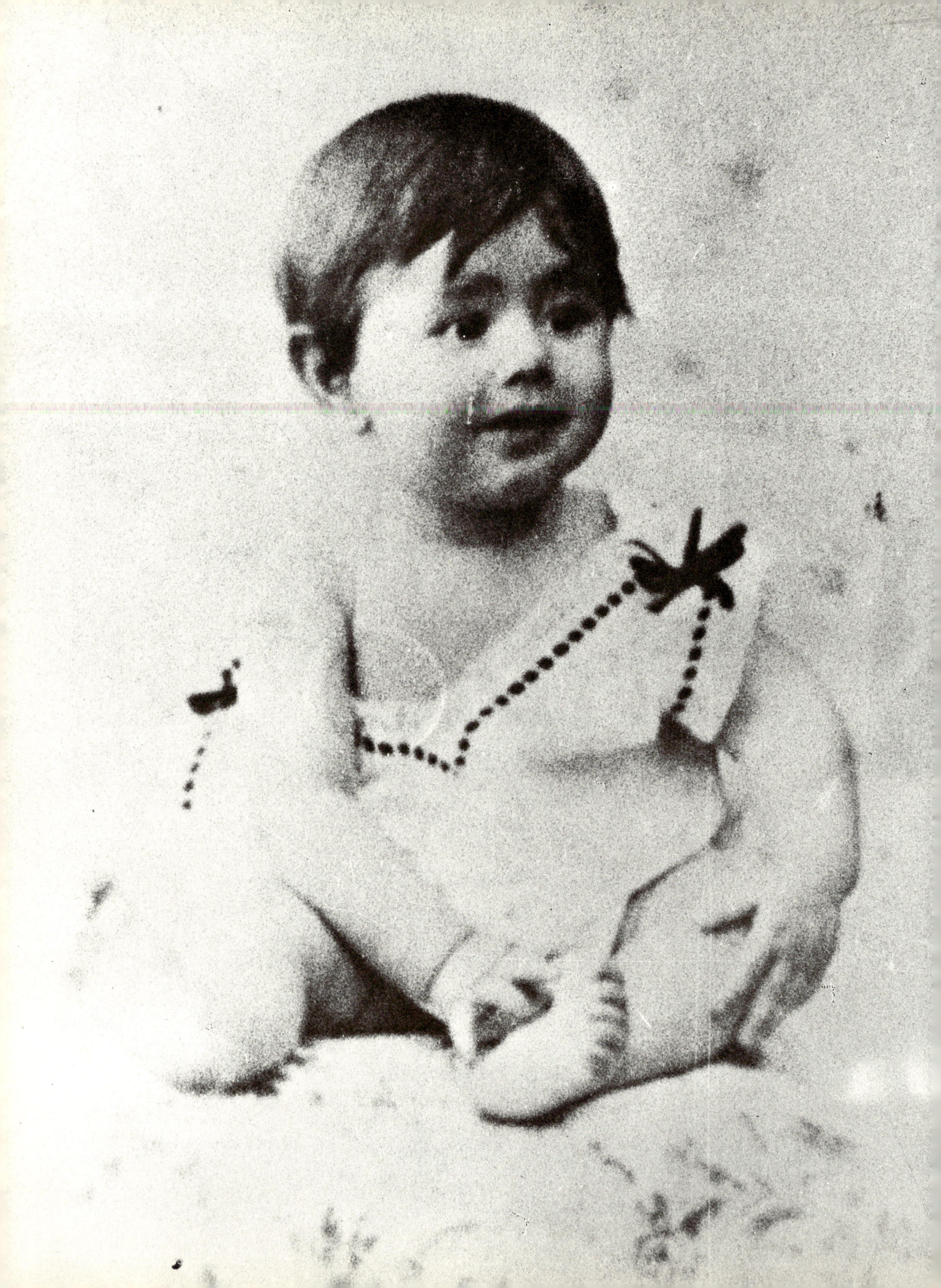

L'APPRENTISSAGE DE LA RÉVOLTE

De Sophie à François-Joseph

C'est une étroite rue pavée qui dévale la colline du centre-ville, et que bordent une quarantaine de maisons toutes construites (à l'exception d'une) entre le XVe et le XVIIIe siècle. Les plus anciennes sont gothiques mais discrètes. D'autres, très dignes, plus sobres, reflètent l'époque des lois somptuaires instaurées par Calvin, lequel prônait le dépouillement et la discrétion. Quelques-unes semblent les narguer. Plus ornées, ces maisons-là indiquent que, par la suite, les bourgeois de Genève refuseront d'avoir honte de leur aisance. Elles affichent le retour de ceux-ci à des mœurs moins austères, et donc l'adaptation à leur convenance de la doctrine réformée.

Il n'y a qu'un hôtel aristocratique dans cette rue. La Seigneurerie l'avait construit pour le Résident de France. C'est aujourd'hui l'honorable Société de Lecture qui l'occupe.

Jean-Jacques Rousseau est né ici, tout en amont de la rue. De la maison primitive, seule subsiste la façade. A l'intérieur, l'administration genevoise s'est étalée avec la discrétion pataude propre aux administrations en général et, à en croire les Genevois, réputés râleurs, propre à celle-ci en particulier. Sauvée du massacre, la porte cintrée est toutefois bien celle par laquelle le citoyen Isaac Rousseau s'en est allé déclarer, un matin de juin 1712, la naissance

La charcuterie Simon, 27, Grand-Rue, à Genève, au cœur historique de la ville. Un siècle plus tard, études d'avocats et belles antiquités y ont remplacé les saucissons et les pâtés.

Page 8:
Les Simon espèrent une fille. C'est un garçon. Durant les premières années de sa vie, François-Joseph – qui choisira plus tard de se faire appeler Michel – est habillé en fille.

de son fils Jean-Jacques. Lequel fut baptisé, le 4 juillet, en la cathédrale Saint-Pierre située à un jet de pierre de là.[1]

L'Hôtel de Ville aussi est voisin. C'est une grande bâtisse ornée, depuis 1556, d'une élégante rampe pavée qui coule en pente douce sous des voûtes en croisée d'ogives. Elle mène aujourd'hui à la salle du Grand Conseil, le Parlement local. Mozart aurait donné là deux concerts, en 1766, à l'instigation du Résident de France.[2] Nous sommes vraiment au cœur de la ville historique, au centre aussi de l'appareil politique: c'est là encore que la cité connut quelques-uns des troubles les plus vifs de sa première Révolution, celle de 1841. Les chroniqueurs décrivent ainsi cette journée, qui précède d'un peu plus de cinquante ans la naissance, au même endroit, de Michel Simon:

«Au matin du 22 novembre 1841, le rassemblement des milices se fit avec beaucoup de lenteurs. Sollicités de ne pas se rendre à leurs places de mobilisation, beaucoup de soldats firent défection. Finalement, sur les conseils du colonel Dufour, environ 700 miliciens furent concentrés sur la Treille. On peut dire que dès cet instant, l'Hôtel de Ville fut pratiquement bloqué par la foule, nerveuse, agitée, qui avait envahi les rues de la haute ville».[3]

C'est là encore que la population genevoise, conduite par James Fazy lors d'une deuxième Révolution, en 1846, déboula en armes pour chasser le gouvernement: «Au nom du Conseil Général, je vous déclare dissous!».[4] Autant dire que Michel Simon avait choisi son quartier de naissance. Ce réfractaire à l'autorité, que rien n'indisposera plus que la suffisance humaine, aurait pu être de ces Genevois en colère remontant la rue pour faire instaurer, croyaient-ils, plus de justice.

Joseph et Véronique Simon entourés de leurs employés. Traumatisé par le spectacle des abattoirs, leur fils refusera de reprendre l'entreprise familliale.

Véronique Simon. Les pieds sur terre et l'œil sur la comptabilité.

Pour l'heure, nous sommes en 1895. A Lyon, les frères Lumière inventent le cinématographe. Un petit Marcel Pagnol voit le jour à Aubagne. A Genève, la Grand-Rue vit calmement. Premier signe de l'élévation de son prestige dans l'échelle des adresses genevoises, elle ne porte déjà plus son ancien nom de «la Boulangerie».

«Grand-Rue», c'est plus chic. Numéro 27, l'une de ses plus vieilles maisons arbore fenêtres gothiques et porte cintrée. Audessus de l'arcade, l'enseigne annonce: «Charcuterie Simon». Un siècle plus tard – aujourd'hui – ce sera une galerie d'art. Il n'y aura plus guère que des galeries ou des antiquaires et, à l'étage, des avocats, dans les prestigieux bâtiments de la Grand-Rue.

Charcutier. A vrai dire, Joseph Simon n'aime pas trop son métier. Aux saucissons et à la longeole – qui est une spécialité genevoise – aux jambons fumés qui attirent le chaland en pendouillant dans sa vitrine, il préfère le secret de son petit bureau: c'est qu'à l'étage, il collectionne les pièces de monnaie. Rien ne lui échappe de l'économie et de l'histoire de la dynastie T'ang ou de celle des Ming. C'est un homme cultivé que ses amis écoutent parler pendant des heures de ses passions, dans les tavernes toutes proches. On le consulte volontiers. Plus d'un client vient le voir davantage pour quelque expertise d'une pièce ancienne que pour ses petits pâtés; de sorte qu'en fait, c'est son épouse Véronique qui tient la charcuterie et veille à ses comptes. Les deux se querellent souvent à ce sujet. C'est bien beau d'avoir un esthète dans la famille, un admirateur du juge Ti – que Robert van Gulik n'a pas encore popularisé – un sinologue reconnu dans le quartier... Encore faut-il faire tourner la boutique. Il semble bien que dans ce domaine, Joseph Simon, pris par une collectionnite dont il passera le virus à son fils, en fasse un minimum. Certes, il prépare la charcuterie et fréquente les abattoirs. Mais n'est

Joseph Simon. Intarissable sur la dynastie Ming et la monnaie des Tang, dont l'étude constitue son passe-temps favori.

Portrait de famille, avec le garçon en fille.

En terre protestante, Michel Simon reçoit une éducation catholique, au Sacré-Cœur de Genève.

En habits du dimanche pour sa première communion. Plus tard, il reprochera à ses parents de lui avoir fait croire au père Noël.

guère assidu au comptoir de la boutique. Aussi Véronique Simon-née-Burnat n'hésite-t-elle pas à envoyer parfois sa bonne, Maria, le cueillir dans les bistrots au grand dam de ses amis, qui aiment à écouter Joseph Simon narrer de lointaines épopées impériales. «A la boutique!» En cette année 1895, enceinte pour la deuxième fois, donc affaiblie, elle n'entend pas laisser son mari se soustraire à ses obligations commerciales et familiales, lesquelles, bien sûr, se mêlent.

Un enfant va donc naître chez les charcutiers Simon. Ce n'est pas le premier mais il est celui de l'espoir. En effet, quelque temps plus tôt, une méningite avait brutalement emporté leur petite Sophie qui n'avait pas deux ans. Les Simon ne s'en étaient jamais remis. Comme pour mieux effacer le souvenir du drame, Véronique, contemplant son ventre à nouveau arrondi, prévoit que le bébé à naître s'appellera aussi Sophie. Ce sera une autre Sophie, toute pareille à la précédente, avec de bonnes pommettes, beaucoup de vivacité et que la mort, cette fois, n'atteindra pas de sitôt. La petite chambre est déjà drapée de rose. Quelques peluches dorment près du berceau. Un rai de lumière s'insinue entre les rideaux tirés. Le 9 avril 1895, une nuit de pleine lune, lorsque l'enfant paraît près d'arriver, Véronique s'isole à l'étage avec sa fidèle Maria. Joseph pendant ce temps, exclu du cérémonial, découpe le cochon dans son laboratoire du rez-de-chaussée.

Vers onze heures et quart, la tête mouillée de la petite Sophie paraît enfin. Puis les bras. Puis le sexe. Et c'est une catastrophe pour Véronique: de toute évidence on ne peut en douter, Sophie est un garçon. Pas un instant elle n'avait imaginé telle éventualité. Joseph non plus, d'ailleurs. Cependant, le père n'est pas totalement mécontent. En charcuterie, on peut faire d'un garçon son successeur.

Michel Simon (premier à gauche) à l'école primaire, où il apprend entre autres à cultiver l'art de la fugue.

L'étal n'est pas un métier pour les femmes. Sophie s'appellera donc François et même, plus précisément, hommage rendu au père, François-Joseph. Mais c'est en fille que sa mère attifera ce François-Joseph-là.

Véronique s'y fera bien. Elle n'a pas le choix. Petit à petit, sous la pression générale, elle adopte les barboteuses. Finalement, elle s'habitue à ce petit bonhomme auquel, toutefois, elle ne prodigue pas une affection excessive. Lorsque vient le temps de découvrir les fleurs, l'enfant les observe longuement. Lorsque vient le temps d'approcher les chiens et les chats, il les caresse avec respect. Lorsque vient le temps de réfléchir, il bombarde ses parents de «pourquoi?» qu'ils jugent fatigants, à la longue. Cinq ans passent. Et lorsque vient à se poser la question de l'éducation religieuse, le couple se chamaille: laquelle lui donner? Le père est catholique, la mère protestante, et leur débat dure quelques mois. Jusqu'à ce que, à l'approche du dernier Noël du siècle, le père obtienne finalement gain de cause. Il ne se doute pas que, plus tard, son fils, passant pour un mécréant, lui reprochera notamment, ainsi qu'à sa mère, de lui avoir fait croire au Père Noël: dans ce livre, il va être question d'un homme (quoique roublard) épris d'honnêteté. Aucun stéréotype, aucun préjugé ne parviendra jamais à entamer son exigence de la vérité, son goût aussi de la connaissance acquise par soi-même, quêtes qu'il mènera toujours dans le rejet systématique des conventions et des «choses établies».

Cela commence très tôt. Un peu casse-cou et doté d'un solide sens de l'exploration, François-Joseph part volontiers à la découverte des toits de Genève et de leurs multiples cheminées. La question confessionnelle à présent tranchée, il est convenu que l'abbé Pittet le prendra en charge au Sacré-Cœur, l'un des bastions que l'Eglise catholique défend en cette terre protestante. François-Joseph s'entend assez bien avec l'abbé Pittet. Il s'entend bien aussi avec Alice, une petite camarade de huit ans avec laquelle il échange durant plusieurs années une douce correspondance. Evénement marquant, comptant peut-être parmi ceux qui détermineront l'évolution de François-Joseph: la découverte par ses

Genève sous le signe de Dieu et de la justice, en 1900. Devant la cathédrale St-Pierre, l'ancienne prison de St-Antoine.

parents de ces innocents feuillets lui vaut d'essuyer, de leur part, une colère terrible. «Dès ce moment, racontera-t-il, j'ai conçu une haine inexpiable pour les hypocrites et ceux qui brandissent le drapeau ou la morale»[5]. Ce jour, dans la pénombre de sa chambre où il passe quelques heures enfermé, François-Joseph devient un adolescent précoce et fortement contestataire que ses parents confient à «une femme revêche et autoritaire», Mlle Perrault.[6]

Il a douze ans et fugue pour la première fois. Durant trois jours, il erre dans les rues, chaparde un peu, et finit par tomber sur les gendarmes qui le tancent vertement avant de le ramener à ses parents. Furieux, ceux-ci le réexpédient main au collet chez Mlle Perrault, charge à lui de s'expliquer avec elle. L'école reprend, terne, et chaque jour, lorsque la cloche le libère, François-Joseph file dans la rue où l'attendent d'autres adolescents avec lesquels il forme une bande. Tous reluquent les filles. C'est de leur âge. Cependant, François-Joseph apprend à connaître, chez Maria, la bonne, les émois sur lesquels les autres fantasment encore: tandis que les deux papotent en secret, elle se laisse caresser. D'abord, les mains courent sur la blouse, ensuite dessous… Finalement, Maria lui offre sa première jouissance. A l'école, racontant l'exploit, l'adolescent en fait des tonnes. Ses propos ne tardent pas à revenir aux oreilles de Véronique. D'abord incrédule, ensuite soupçonneuse, elle choisit de guetter le flagrant délit qui ne tarde pas. Découverts enlacés, François-Joseph et Maria subissent la honte et les insultes. François-Joseph se renfrogne. L'enferme-t-on dans sa chambre qu'il s'en évade par la fenêtre: pas question, pour lui de délaisser, les hauts plaisirs de l'étreinte. Ses parents s'en rendent bien compte. Par prévention ou par vengeance, peut-être un peu pour les deux raisons, Maria est renvoyée. Bien plus tard, celui qui fut son jeune amant la reverra dans une loge de théâtre. Elle en avait fait un insatiable.

Trois modèles épris de liberté. Arthur Rimbaud (par Fantin-Latour), Paul Verlaine et Alphonse Allais qui restera, avec Georges Courteline, l'un des auteurs préférés de Michel Simon.

MARCHÉ CONCLU

A la maison comme à l'école, François-Joseph déprime. Seule la lecture l'intéresse un peu. Il avale des classiques anciens mais leur préfère Courteline parce que cet auteur, de trente-sept ans son aîné, décrit, dans *Messieurs les ronds-de-cuir,* des gens lucides luttant contre la bêtise et la médiocrité. Il voit donc dans ce livre «des accents prophétiques qui annoncent notre civilisation victime des scribes».[7] Georges Courteline restera l'un de ses auteurs préférés, avec notamment Alphone Allais et Alfred Jarry qui manient, eux-aussi, l'humour sombre. Très tôt, il fixe son choix: il déteste Voltaire, trop moralisant, aime Rimbaud pour sa révolte et sa quête d'absolu, et admire Verlaine «comme un camembert, parce qu'il est coulant».

Privé soudainement de sa fontaine d'amour charnel, toujours en mal d'affection, François-Joseph passe son temps libre à rêvasser à la fenêtre. Il regarde pirouetter les oiseaux, salue les chats qui rôdent, et tente de s'en faire des amis. Il voue une profonde affection aux animaux. Lorsque son père vient à lui demander de l'accompagner aux abattoirs pour y tuer un cochon – quoi de plus naturel qu'une telle injonction d'un charcutier à son fils voué à la succession? – François-Joseph s'effondre. Il va au devant de nouveaux ennuis familiaux: «Il avait regardé cette truie s'asseoir sous la contrainte et gémir; il avait capté son regard désespéré et décida de la sauver en l'emmenant à la campagne. Finalement, près du Salève, il se confia à un ecclésiastique qu'il venait de rencontrer; un curé de campagne que ce tandem intriguait. Le curé, compréhensif, emmena la bête contre sa promesse de lui garantir une plus douce fin de vie que le froid rituel des abattoirs. Et le traître charcutier s'en rentra chez lui»[8].

Décidément, François-Joseph n'est bon à rien. En 1909, ses parents décident de l'inscrire au collège de Genève – le collège Calvin, qui existe toujours – dans la classe de John Copponex. C'est un homme doux et compréhensif. Avec patience, il obtient de cet élève révolté, ascolaire, tendre et amoureux brimé, de ce batailleur des causes perdues, qu'il lui accorde sa confiance. John Copponex sera le seul de ses professeurs dont Simon parlera plus tard avec tendresse, le premier aussi à lui avoir dit un jour: «Franchement, Simon, je

Du nom de son fondateur, le collège Calvin; à l'époque le seul établissement d'enseignement supérieur à Genève, aujourd'hui le plus huppé.

crois que votre avenir est sur les planches!» François-Joseph compte parmi les aînés d'une classe de trente-six élèves dont certains ont deux, voire trois ans de moins que lui. Autant dire qu'à ses yeux ses camarades sont des «petits». Néanmoins, il n'est pas de ceux qui leur cherchent querelle. C'est un rêveur et Copponex le perçoit bien vite. De plus, François-Joseph est un conteur, et Copponex sait jouer du don de son élève. Il peut s'en faire un allié. Il ne lui en distribue pas moins de cinglantes punitions, notamment pour dégradation de mobilier: François-Joseph a pour habitude de creuser les pupitres pour y loger – encore! – de petits messages. Cette manie crispe Copponex. Secrètement, il s'en amuse pourtant. Aux termes d'un accord qu'il finit par passer avec Simon, il est convenu que l'élève prendrait désormais place au fond de la classe afin que Copponex puisse donner son cours en toute quiétude.

Conséquence prévisible de cet arrangement: François-Joseph n'écoute pas grand chose, nourrit ses rêveries en regardant par la fenêtre, puis obtient des notes que même la bienveillance de Copponex ne peut réhausser. Archiviste du collège Calvin, René Cheseaux retrouvera plus tard l'accablant registre du maître: «François Simon... Français: 4 (sur 6, nda). Latin: 1,7. Allemand: 2,6. Histoire: 3,8. Géographie: 2,7. Arithmétique: 3. Dessin: 4,3. Tenue des cahiers: 2,6. Chant: 4,3. Gymnastique: 4,2. Conduite: 4,3». Seules les sciences naturelles lui paraissent un jeu: dans cette branche, il décroche 5,4! Grâce à elle, il obtient d'extrême justesse la moyenne minimale établie à 3,5. La direction lui impose de repasser ses examens en allemand,

«Tout le monde peut être intelligent si les circonstances et la volonté s'en mêlent».

M. Simon

John Copponex. Avec son professeur – le seul à l'encourager à développer vraiment ses dons d'amuseur – Michel Simon établira une sorte de pacte de non-agression.

latin, géographie et arithmétique. C'est un désastre. Il sait qu'il va les rater. A la maison, la tension monte. De deux choses l'une: «Soit tu te hisses parmi les bons élèves, soit tu rejoins la charcuterie!» François-Joseph ne peut supporter l'imposition péremptoire d'un tel choix. L'affaire tourne mal. Dans un placard, il décroche le fusil de son père et envisage de se tuer. Grâce à la perspicacité d'une amie de Véronique Simon, qui perce le désarroi total de François, le projet échoue. De retour aux abattoirs, François-Joseph y pleure doucement en subissant les moqueries de ses collègues: seule «une mauviette, une fillette se dégonfle devant un cochon qu'il faut tuer!» François-Joseph ne retournera plus à l'école. Et il cherche par tous les moyens à échapper à la charcuterie.

Un jour de 1910, profitant d'un congé François-Joseph assiste à l'un des premiers meetings aériens, à Viry, en Haute-Savoie toute proche. Ce qu'il y voit le bouleverse. Pendant quelques minutes, Durafour et Bielovicci parviennent à s'arracher du sol sur des machines branlantes; à donner

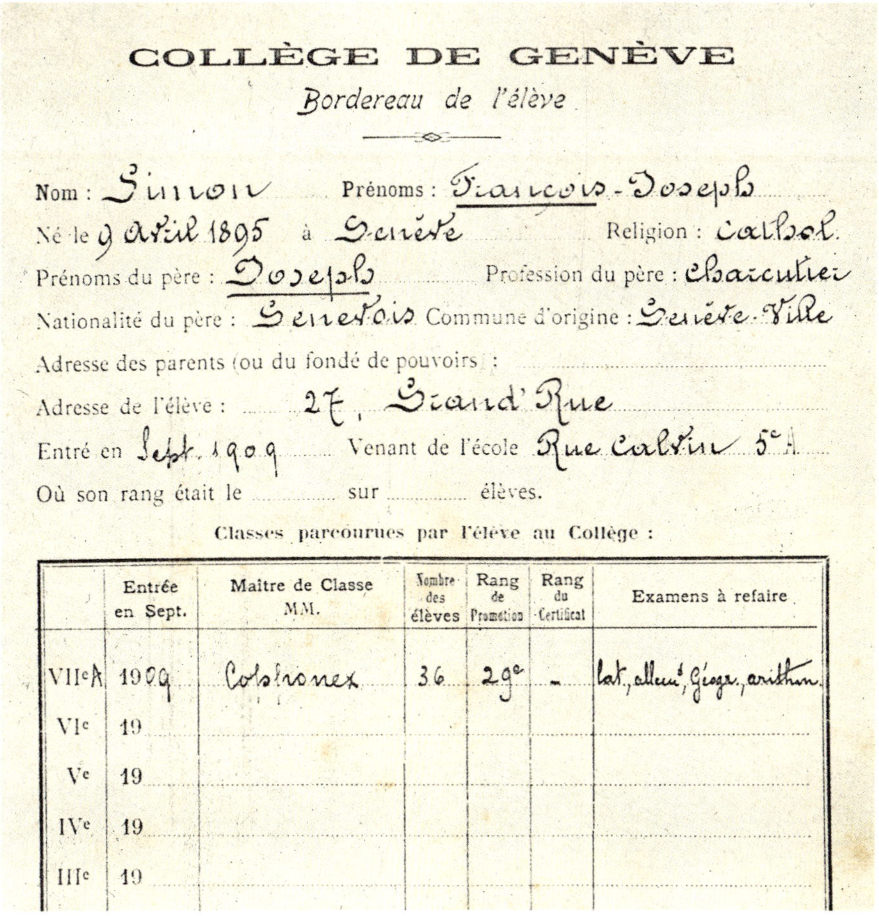
COLLÈGE DE GENÈVE

Bordereau de l'élève

Nom : Simon Prénoms : François-Joseph

Né le 9 avril 1895 à Genève Religion : cathol.

Prénoms du père : Joseph Profession du père : charcutier

Nationalité du père : Genevois Commune d'origine : Genève-Ville

Adresse des parents (ou du fondé de pouvoirs) :

Adresse de l'élève : 27, Grand'Rue

Entré en Sept. 1909 Venant de l'école Rue Calvin 5e A

Où son rang était le .... sur .... élèves.

Classes parcourues par l'élève au Collège :

	Entrée en Sept.	Maître de Classe MM.	Nombre des élèves	Rang de Promotion	Rang du Certificat	Examens à refaire
VIIe A	1909	Copponex	36	29e	-	lat, allem., géogr., arithm.
VIe	19					
Ve	19					
IVe	19					
IIIe	19					

Une scolarité médiocre.

l'illusion de rejoindre les oiseaux que François-Joseph tient pour ses meilleurs amis; à glisser dans les airs avant de regagner, avec plus ou moins de grâce, contraints le plus souvent par la précarité de leurs curieux appareils, le sol où François-Joseph demeure éberlué. Il prend une décision: «Je serai aviateur!». Inutile de dire que cette profession de foi, qu'il assure définitive, rencontre un accueil plutôt mitigé, à la maison. Qu'importe. François-

«Je serai aviateur!» Sous l'aile d'un pionnier, Bielovicci, Michel Simon fait ses premières armes en 1911, à Issy-les-Moulineaux.

Joseph persiste et parvient à faire la connaissance de Bielovicci, un compatriote qui lui accorde son amitié. L'adolescent passe des heures à l'observer qui répare son avion. Les deux font des projets d'avenir, de sorte qu'en 1911, François peut annoncer à ses géniteurs: «Bielovicci me propose un stage. Je pars à Issy-les-Moulineaux!»

Les parents s'y attendaient un peu. Ils réagissent bien. Non pas qu'ils encouragent le projet de François-Joseph, bien au contraire, mais parce qu'ils ne l'en dissuadent pas absolument, ils évitent une cassure. Ils savent bien qu'ils ne peuvent retenir ce fils rebelle contre son gré. Comme ils ont enfin compris sa nature, ils savent désormais qu'il ne servirait surtout à rien de le brusquer. Leur dépit supplante la tentation première d'un éclat; attitude plus durable, tenace même, et tout en silence, qui finit par toucher au cœur François-Joseph. Il sait bien que sa mère n'est pas une monstresse, que son père est plus malheureux que désagréable, mais que peut-il faire pour s'affranchir d'eux tout en les ménageant? Une idée fulgurante traverse le jeune homme à nouveau par son goût de la transaction. Puisqu'il avait pu s'entendre avec Copponex, pourquoi ne tenterait-il pas un nouvel arrangement, avec ses parents, cette fois? Lui veut voler; voler surtout de ses propres ailes. Eux ne s'y opposent pas, mais veulent savoir leur fils sur terre. Et l'on coupe la poire en deux:

– Soit. Je renonce à l'aviation. Mais je pars quand même.

– Tu n'as pas un sou!

– Je me débrouillerai.

– Et où vas-tu?

– A Paris!

PARIS, LA BOXE, LES FILLES

C'est une véritable expédition que de se rendre à Paris. Au départ, la gare semble déjà au diable. Ce n'est pas encore l'ensemble 1930 – assez semblable, dans son allure, au Palais des Nations – qui se dresse aujourd'hui place Cornavin: en 1911, la gare, c'est un bâtiment datant de 1856, la grande époque de l'architecture industrielle. «Un aller simple pour Paris, troisième classe, s'il vous plaît!» Joseph Simon offre secrètement le billet de son fils. Les convois roulent alors à 75 kilomètres heure en crachant d'impressionnantes volutes de fumée. Paris détient le record du monde de l'affluence ferroviaire.[9] Le voyage dure une nuit. Et lorsque François-Joseph débarque gare de Lyon, il ne connaît personne mais se rappelle un souvenir: celui de Colette.

A cette époque, Colette joue peu vêtue et avec Georges Vague de médiocres vaudevilles, ses voilages légers constituant généralement l'intérêt principal de la pièce. François-Joseph l'avait vue, à Genève, danser sur la scène du cinéma Apollo. Il avait même tenté de s'en approcher, poireautant en vain près de l'entrée des artistes. C'est plus tard, beaucoup plus tard que Simon fera véritablement sa connaissance, lorsqu'elle ne dansera plus mais signera, sous le même nom, des livres superbes et sulfureux.

Il sait par la presse qu'elle est à Paris. Elle joue au Théâtre de la Renaissance, porte St-Martin, et c'est dans un hôtel proche que François-Joseph prend pension. Un hôtel minable. Un hôtel à la hauteur de ses moyens. Un bouge. On y croise des souteneurs et des saltimbanques, de petits malfrats et des artistes survivant de cabaret en cabaret. La pègre l'attire. «J'ai gardé la nostalgie, dira-t-il, de ces années passées parmi les truands de Paris et les filles perdues. Ceux-là, vraiment, avaient le culte de l'amitié. L'amitié, aujourd'hui, ne va pas loin dans les sacrifices. C'est un vain mot. Chez eux, malgré tous les malheurs, il y avait assistance»[10].

François-Joseph n'est pas un bandit. C'est plutôt un bricoleur, qui défie les pandores; un petit loubard pas bien méchant. Il vend à la sauvette des briquets automatiques de fabrication clandestine. C'est avec un certain Sébastien Le Goff qu'il découvre cette activité. «J'étais chargé de rassembler les badauds, précisera-t-il à Freddy Buache, et de créer un attroupement dans lequel je faisais appel aux connaissances techniques et scientifiques des acheteurs. Quand les gendarmes survenaient, nous nous empressions de filer à toute allure»[11]. Sébastien Le Goff, qui est aussi proxénète, voudrait initier François-Joseph à ce métier plus lucratif. Volontiers prêt à détourner la loi, il s'y refuse pourtant. Pas à cause de la loi, à cause des filles. Ce qu'il aime en elles, François-Joseph, ce qui l'attire chez les prostituées, c'est l'amitié qu'elles savent authentiquement donner à quelques privilégiés au rang desquels il se hisse. Bien davantage que l'argent que peut rapporter leur commerce, il s'intéresse à la qualité de leur écoute. En retour, lui aussi les écoute, les conseille et les rassure. C'est son moyen à lui de se faire une place: en devenant leur confident, le déversoir des peines de leur corps et de leur cœur, leur ami véritable, François-Jo-

A la découverte de Paris, Michel Simon en élégant «mauvais garçon».

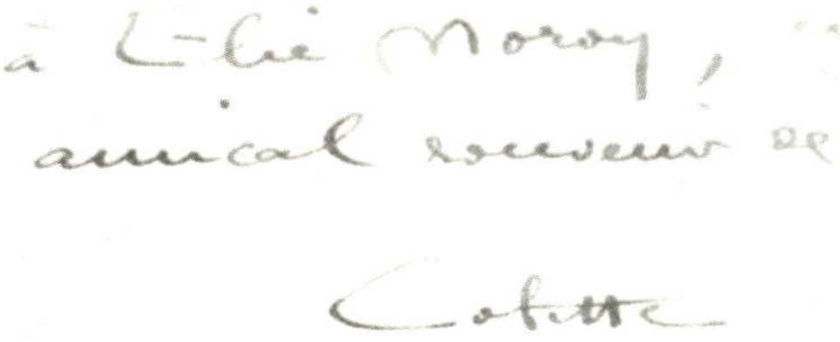

Colette, une grande passion découverte alors qu'elle n'écrivait pas encore: à demi-nue, elle dansait…

Bon boxeur, adversaire redouté, bientôt entraîneur... Quelques gifles retentissantes qu'il assènera plus tard lui vaudront de menus ennuis.

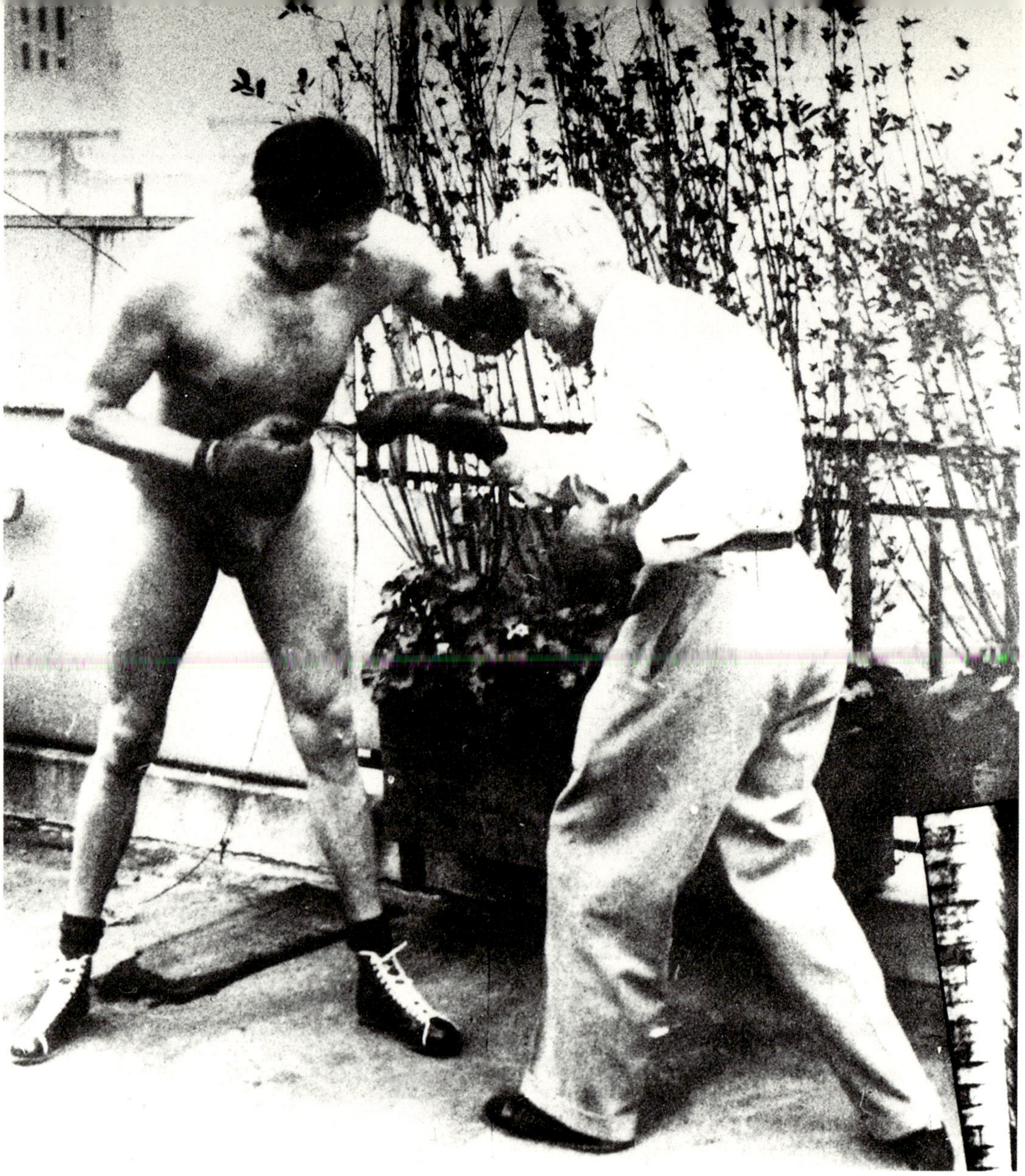

«Ce n'est pas une raison quand on veut tuer quelqu'un pour être malhonnête avec lui».
M. Simon

seph devient «quelqu'un». Elles s'offrent à lui sans compteur ni chronomètre. En retour, il les aide, les conforte et les défend.

Ainsi s'attache-t-il à une certaine Jane Lallemand. Il lui est à la fois un père, un ami et un amant. Jean-Marc Loubier a tiré d'une interview ce joli propos: «Elle était charmante. Pure et candide. Je sais que de tels propos vont faire hurler, qu'ils sont sacrilèges, mais je maintiens qu'elle était pure et naïve. Je vais vous donner un exemple: toutes les nuits du jeudi, elle recevait un prêtre, qui venait en soutane du reste. Et tous les vendredis, elle passait une mauvaise journée en proie aux remords. Elle me disait:

– Lorsque le Bon Dieu me dira «tu as fait l'amour avec un curé», j'irai en enfer.

Je lui répondais:

– Mais non, c'est le curé qui ira en enfer, pas toi!

– Oui, répliquait Jane, mais si le curé va en enfer, ce sera de ma faute, etc.

Je n'arrivais pas à la convaincre. Un jour, à bout d'arguments, je lui demandai sa carte, car autrefois les prostituées possédaient une «carte professionnelle». Je lui montrai le sceau «République française» et je lui dis:

– Si le Bon Dieu te demande quelque chose, tu lui montreras ça et il ne pourra rien dire!

Et c'est ainsi, heureuse d'être protégée par la République française, qu'elle ne me parla plus de ce péché.»[12]

On a dit que le futur Michel est un conteur. A l'hôtel où il loge modestement, il lui arrive d'animer les dimanches pluvieux en improvisant des histoires volontiers surréalisantes. Sa verve séduit ses voisins, les Roulet. Sa «bobine» aussi. Eux sont artistes de cabaret et lui, bateleur désargenté: fascinés par l'habileté au bavardage du jeune homme, ils lui proposent bientôt de «faire le clown» à leurs côtés. François est flatté.

– Pourquoi pas? Ça rapporte?

– Tu toucheras quinze francs par soir si tu apprends d'abord à danser!

Danser? Il n'y avait jamais songé. Certes la boxe, qu'il pratique à ses heures, lui a donné quelque souplesse, sinon la grâce, mais il ne se sent pas pour autant prédisposé à la danse. Gustave Laffite, un chorégraphe, finit par le convaincre et monte un numéro pour quatre acteurs: les Roulet, François-Joseph... et une saltimbanque inconnue nommée Gassion. En 1915, celle-ci accouchera «dans le plus profond dénuement» – ainsi que le signale aujourd'hui une plaque, rue de Belleville – d'une fillette aveugle, Giovanna, qui recouvrera la vue à l'âge de quatre ans. Sa voix «allait bouleverser le monde»: elle s'appellera Edith Piaf.

Au départ de Mme Gassion, qui préfère mener carrière en solo, Laffite remanie le numéro qui devient celui de «Ribert and Simon». Le trio se produit à l'Electric, à l'Eden, à l'Elysée des Beaux-Arts... Mais le spectacle ne vaut rien. Qu'importe! Pour quinze francs (dont, à déduire, 2,70 francs pour le tramway), François-Joseph veut bien recevoir quelques tomates... Ce dont le public ne prive pas les trois acteurs. Il s'en fiche. Argent bien mérité en poche, il file après les représentations chez Mimi, l'une de ses préférées, une paumée, une pute comme il les aime, tendre et pas compliquée, sensible et dont il fait sa confidente et devient, bien sûr, son amant. Le jour, il vit chez elle. La nuit, il cède la place aux clients dont il ne veut rien savoir. Mimi, il l'aime bien. Elle finira dans un couvent! C'est Michel Simon qui le racontera: «Un jour, je vois arriver dans ma loge une vieille femme, une veuve toute cassée en habits religieux. C'était Mimi, reconvertie dans un couvent. Je n'en revenais pas. Elle me disait vivre dans une chambre bleue et y entendre la voix des anges... Elle me dit surtout:

– Avant de mourir, je suis venue te voir pour que tu saches que même si tu ne crois en rien, je prie pour toi!»[13]

Au fond, le futur Michel Simon, qui ne se sent pas (encore) homme de scène, nourrit deux passions. Le sexe, qu'il pratique très librement, et la lecture. On le surprend à rêver sous les fenêtres de Georges Courteline dans l'espoir d'en apercevoir, au moins, la silhouette. Il s'en cache, cependant. Il lui faut être fort au royaume des truands. Dans son milieu, son goût des livres n'impressionnera personne. Aussi François-Joseph reprend-il la boxe qu'il se met à enseigner. Ça «place» un homme. Il ne dédaigne pas la bagarre et prend des coups de couteau. Il en gardera des cicatrices au poignet et à l'index gauches, ainsi qu'au majeur droit. Il se fait brièvement arrêter aussi en compagnie de Sébastien Le Goff. On le relâche, il file se consoler dans les bordels des rues St-Martin, Grégoire-de-Tours ou Papillon. Il y a ses habitudes, on le connaît et ses petites escarmouches avec la police ne nuisent guère à sa réputation, bien au contraire. Ici, il se fait chasser pour avoir manqué de... retenue; là, la patronne lui prodigue à l'œil quelques gâteries. On aime bien «son genre»: il est un peu poète. Il se fixe au café des Donjons, rue de Vincennes, se fait à nouveau cueillir par la police, change de quartier, essuie au passage les coups de revolver d'un rival que sa poésie n'émeut guère, mais qui, heureusement, tire mal... Et finit par prendre peur. Ce n'est pas tout d'être l'ami des voyous. Encore faut-il pouvoir le rester. Etudiant avec gravité son cas, Sébastien Le Goff conseille à Simon de «prendre le large» et c'est un François-Joseph sûr de lui, forgé au contact des durs de Paris, qui regagne la paisible Genève. Finalement, c'est très bien ainsi. François-Joseph n'aurait pas supporté longtemps l'idée d'être un pirate de deuxième catégorie. Et puisque la grande truanderie ne semble pas faite pour lui, il lui faudra bien trouver autre chose. Dans l'urgence, il doit surtout soigner une saleté contractée dans les bordels.

Georges Courteline, par Glacier. Des heures à passer sous ses fenêtres dans l'espoir d'apercevoir, au moins, sa silhouette...

D'UNE VOCATION À L'AUTRE

LÉONARD DE VINCI, PHOTOGRAPHE

Au long de sa vie, Véronique Simon ne comprendra jamais vraiment son diable de fils. Celui-ci lui vouera cependant une affection réelle, bien que masquée. Tacite, comme si cet aveu devait lui coûter. De sorte qu'entre les deux ce sera toujours le bras-de-fer! Enfin de retour, et une fois guéri, François-Joseph va-t-il se «ranger»? Véronique le croit mais une fois de plus, elle se trompe. Certes, la reconversion de François paraît tout à fait honorable. Il se lance dans la photogravure, y effectue un bref apprentissage, puis se tourne vers la photographie. Au-delà des apparences, naturellement, François-Joseph ne change pas…

Genève compte à cette époque vingt-et-une maisons closes, notamment rue des Belles-Filles, cette nervure de la vieille-ville que l'on connaît, aujourd'hui, sous le nom du théologien et publiciste du XIXe siècle Etienne-Dumont.[14] Véronique ignore évidemment que son fils les fréquente toutes! Il s'y délasse… Et il y travaille, aussi. François-Joseph réalise des photos «naturalistes»; autrement dit, en langage actuel, pornographiques. Mais elle ne voit, elle, sa mère, du travail de son fils, que les charmants paysages qu'il fixe par de belles journées, au fond de son soufflet 13 x 18 à bretelles. François-Joseph lui cache bien son jeu. A quoi bon risquer une nouvelle brouille? Il expose quelques-unes de ses photos et se consacre même à la recherche.

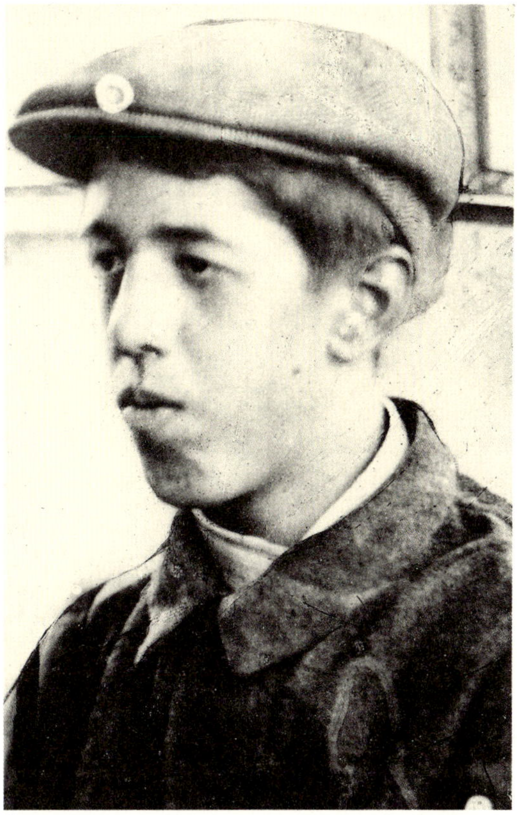

Page 22: L'autoportrait fameux de Leonard de Vinci. Michel Simon le pense inventeur de la photographie et tient une théorie, à ce propos, qui n'est peut-être pas infondée.

Michel Simon par Michel Simon, photographe.

Simon est persuadé que Léonard de Vinci employait une chambre obscure. D'après lui, le génie de la Renaissance, précurseur de l'aviation théorique et de la navigation sous-marine, avait aussi com-

pris le principe de la «camera obscura» et l'expérimentait en peinture. Simon expliquait:

– Léonard devait fixer d'abord furtivement son sujet, non pas sur du papier, puisqu'on n'en était pas là, mais dans sa mémoire. Le noir, un instant de lumière avec un visage dedans; puis à nouveau le noir, une autre expression furtive du même visage… Ses portraits, c'est la synthèse des expressions successives!

C'est ainsi, pense-t-il, qu'en donnant une expression nouvelle à ses portraits, Léonard de Vinci parvint à extraire la peinture du rang médiocre d'art «mécanique» qu'elle tenait alors face, notamment, à la poésie qui lui était reconnue supérieure.[15] Et c'est là aussi, dit-il, le secret de l'insaisissable sourire de Mona Lisa, la Joconde. D'après Simon, Léonard de Vinci aurait compris bien avant Edmond Duranty, qui l'exprimera en 1876, que «c'était à l'observation de suppléer à ces moyens d'exécution instantanés qu'on ne possédait pas, et de conserver intacts les souvenirs qu'ils auraient rendus».[16] Raison pour laquelle le maître florentin aurait, se convainc-t-il, créé la chambre noire pour observer, avant de les peindre, ses sujets.

Rien ne permet de donner raison à Simon. Rien ne permet non plus de lui donner tort. Ce qui est sûr, c'est que la fulgurance de cette révélation le pousse à mener de nouvelles expériences: il veut démontrer «qu'une attitude reflète un état d'âme qui peut se fractionner à l'infini». Fractionner à l'infini: voilà précisément ce qu'un appareil photographique ne permet pas de faire. Il faut, il *lui* faut donc repousser ses limites pour mieux atteindre ce que Barthes appellera «l'extase photographique».[17] Simon bricole (Le Goff l'avait entraîné à manier les outils les plus fins pour monter ses briquets frauduleux) et finit par inventer un système dont il est si fier qu'il lui consacre une thèse qu'il envoie concourir, en 1913, dans l'un des premiers forums spécialisés, à Gand, en Belgique. Bien reçue, elle lui vaut le seul diplôme qu'il recevra jamais.

Il a «tout simplement» découvert le principe du Leica. Principe qui permet, entre autres, de réaliser plusieurs images successives dans un laps de temps très court.

Et qu'en fait-il? Il les superpose afin de réaliser des portraits certes un peu flous, mais dont l'avantage est de restituer justement les attitudes. Vingt, voire trente expressions du même visage, additionnées simultanément dans un même cadrage, lui permettent de présenter des images très novatrices dont il croit qu'elles lui indiquent sa voie: il sera photographe. Le portrait surtout l'intéresse. Il développe sa technique, notamment et toujours dans les bordels car, plaide-t-il, dans sa thèse… «Il faut, pour bien les saisir, vivre dans l'intimité de ses modèles». Parmi les futurs maîtres du Leica, Lartigue, Cartier-Bresson et bien d'autres lui donneront tort sur ce point! Mais lui ne sait pas distinguer vie sentimentale et professionnelle. L'épouse de son maître de stage, le photograveur, n'avait-elle pas, elle aussi, passé dans son lit? On peut même considérer qu'elle a, ainsi, contribué à déterminer l'avenir photographique de François-Joseph, qui pense avoir trouvé sa voie…

En 1914, la situation politique mondiale n'est pas brillante. Personne n'encourage la guerre mais cependant, l'Allemagne, l'Autriche et la France – et la Russie – s'y préparent «préventivement». Les temps sont aussi aux coups des anarchistes. Autrefois, à Paris, François-Joseph avait approché l'une de ces têtes brûlées: Lacombe, qu'il avait vu défier, sur une balançoire de la foire de Neuilly, les gendarmes qui n'osaient l'approcher au risque de tout faire sauter. Ses poches étaient bourrées de dynamite. Plus tard, menotté, Lacombe se suicidera en sautant du toit de la prison. Cela, François-Joseph, le libertaire, ne l'oubliera jamais.

Il ne deviendra pas photographe. Indirectement bien sûr, le jeune Simon doit peut-être à un autre anarchiste d'avoir forcé son propre destin personnel…

Le 28 juin 1914, un étudiant bosniaque, discrètement soutenu par de hauts fonctionnaires serbes,[18] assassine à Sarajevo l'héritier de l'empire austro-hongrois, l'archiduc François-Ferdinand, et sa femme. L'Autriche exige de la Serbie – tenue pour responsable en raison de certaines compli-

Page 24: Un autoportrait assez rimbaldien de l'artiste en dandy rêveur…

La passion des livres (autoportrait).

Deuxième à gauche, Michel Simon durant son école de recrues à la Pontaise (Lausanne).

cités dans l'appareil d'Etat – qu'elle autorise l'enquête à Belgrade de ses propres policiers. La Serbie refuse et mobilise ses troupes. L'Autriche-Hongrie l'attaque un mois jour pour jour après l'attentat de Sarajevo. Puis les Russes volent au secours des Serbes; l'Allemagne s'engage auprès de l'Autriche-Hongrie, contrée bientôt par les Français qui n'ont pas digéré leur défaite de 1870, et par les Anglais qui doivent assistance à la France, de même que par les Belges qui sont envahis par l'Empire... La guerre est totale. Sur ce sujet, bien des années plus tard, Simon livrera dans un ouvrage mince et confidentiel (le seul qu'il ait jamais écrit, 500 exemplaires publiés post-mortem) cette curieuse lapalissade: «A la guerre, on a souvent besoin d'un plus fort que soi. Il ne faut donc mépriser personne».[19]

L'Italie, la Roumanie, la Bulgarie puis les Etats-Unis s'en mêleront aussi. En Suisse? On mobilise. François-Joseph est appelé sous les drapeaux. En été 1914, il rejoint, à Genève, une unité d'infanterie qui gagne bientôt Bâle, à la frontière nord du pays. On y craint une trouée par laquelle les Allemands pourraient contourner l'aile droite des colonnes françaises.

L'armée! Inutile de dire que la recrue Simon s'y fond plutôt mal. La hiérarchie lui fait horreur, il refuse de saluer... Et fréquente, par conséquent, assez assidûment les cachots. Finalement, il doit son «salut» aux mauvaises suites d'une blessure qu'il s'était volontairement infligée dans l'espoir d'être réformé! Il est opéré de sa cuisse charcutée. On le remet sur pied. A peine rétabli, il reprend son activité militaire favorite: la résistance à l'autorité. Et il retourne dans les cachots. Les pires. Ceux que l'on improvise dans les caves d'écoles, les préaux de mairies, et dans les camps de fortune.

LEYSIN, ALTITUDE 1250 METRES

En dépit des apparences, François-Joseph ne dispose pas d'une bonne constitution. Affaibli au retour de Paris, on l'a vu, par une maladie vénérienne, il supporte de plus en plus mal l'humidité des cachots dans lesquels ses supérieurs le plongent régulièrement. Il retombe malade. Cette fois, c'est plus grave. Les médecins diagnostiquent la tuberculose et envoient le soldat Simon dans un sanatorium des Alpes vaudoises, à Leysin. Admirant désormais le Mont-Blanc se profilant, au loin, sur le Léman, s'ennuyant à mourir, collant du papier sur les vitres afin de ne plus voir les Dents-du-Midi qui l'obsèdent, retrouvant lors de promenades ses oiseaux chéris avec lesquels il converse, s'essayant même à la marqueterie en atelier, il y passera la guerre.

L'ancien Auguste des mauvais cabarets de Paris jouit, parmi ses camarades, d'une «présence» naturelle qui ne passe pas inaperçue. Comme Montel qui, à Paris, parvient à faire rire d'une lecture des petites annonces, il amuse la galerie leysinoude de petits riens dont il fait de grands numéros. Ainsi écrit-il sa première et unique pièce (ou plutôt, précise-t-il, un «canevas»), à l'appel de... la section locale du parti socialiste. Laquelle lui commande «un petit vaudeville pour le 1er mai». En dépit de sa participation à certaines assemblées, la politique n'intéresse nullement François-Joseph. Il s'en donne pourtant à cœur joie. Pour le seul plaisir du verbe et de la scène, et parce qu'on lui laisse (enfin!) la bride sur le cou, il pond un prologue en vers pour six personnages qu'il interprétera tour à tour avec un de ses compagnons plus infortuné que lui. Un Belge dont le chirurgien a amputé les orteils gelés. Malgré la forte consommation alcoolique du compère mort de trac, le duo remporte un tel succès qu'un député de Lausanne leur demande:

– Venez jouer votre pièce à la Maison du Peuple!

Et les personnages qu'il a créés pour l'occasion (il endosse: le capitaliste fourbe, le contremaître qui avait violé la fille d'un ouvrier, l'ouvrier renvoyé pour avoir réclamé vengeance, la fille noyant sa honte dans la prostitution et le vieux grand-père solitaire) de lui ouvrir les yeux sur une nouvelle passion jusqu'ici dormante: le théâtre!

Soldat par obligation, mais plutôt porté sur des activités annexes...

La troupe Pitoëff autour de son maître, fumeur impénitent, metteur en scène exigeant et véritable «découvreur» de Michel Simon, qui s'appelait alors Béroalde.

La commune de Plainpalais n'est devenue quartier de la Ville de Genève qu'en 1930. Administrativement, le théâtre Pitoëff s'appelle toujours «salle communale de Plainpalais».

LES ANNÉES PITOËFF

DE BÉROALDE À MICHEL

Seules de rares permissions permettent à François-Joseph de se distraire un peu. La première date de l'automne 1915. Cette année-là, en plaine, la troupe de Georges Pitoëff joue «Hedda Gabler», une pièce écrite vingt-cinq ans plus tôt par le Norvégien Henrik Ibsen. Expatriés depuis un an, les Pitoëff errent de ville en ville sans grands moyens. Georges, visionnaire, épure à l'extrême la scénographie des œuvres qu'il présente d'Ibsen, de Shakespeare, de Tolstoï ou de Tchekov. De Genève, la ville, il ne sait pas grand chose. Sinon ce que le musicien Emile Jaques-Dalcroze lui en a dit un jour, à Hellerau: que c'est une cité d'accueil, et qu'il pourrait y tenter sa chance.[20]

Le 16 novembre, enfin et temporairement libre, Simon se rend boulevard des Philosophes, franchit les portes du Théâtre de la Comédie – qui vit sa troisième saison – prend deux places bon marché et s'installe, avec son compagnon belge qu'il a invité, au fond de la troisième galerie. Puis il découvre, d'un œil écarquillé, Georges Pitoëff. Pâle, le cheveu filasse, les rides marquées par l'usage intense du tabac, celui-ci fait, à l'âge de trente ans, ses débuts en français. A ses côtés, une jeune femme frêle et diaphane, son reflet… son épouse Ludmilla. Elle provoque chez François-Joseph le même déchaînement d'émotions que la Colette de ses jeunes années: une cascade de frémissements dus à la certitude que cette femme-là, qui a vingt ans comme lui, «c'est quelqu'un».

Rue de Carouge à Genève, le siège et le théâtre de la «bande à Georges».

– Tu vois, dit-il à son ami, cette sirène, j'aimerais bien la photographier. Si je ne devais pas regagner cette fichue clinique…

Simon est bien impatient. D'autant que les «années-sanatorium» s'achèvent bientôt. Il n'y a rien de plus urgent que l'échéance qui s'approche lentement. Décidément bien inutile à la défense d'un pays que la guerre finit d'ailleurs par épargner, François-Joseph obtient d'être rendu à la

Le seul acteur à ne pas poser est aussi celui qui se détache: Béroalde parmi les Pitoëff.

Georges et Ludmilla Pitoëff. A remarquer, le cadrage assez avant-gardiste pour l'époque.

vie civile, où il reprend son activité de photographe. Et aussi la boxe. Dans cet art qu'il avait déjà pratiqué avant-guerre, il surpasse bientôt son propre maître, un nommé Brechbühl. Bon boxeur de réputation locale, Brechbühl n'est pas sans points communs avec Simon. Il est fils de cabinotier, ces orfèvres délicats installés depuis des générations dans le quartier de St-Gervais. Et comme Simon, il ne voulait pas reprendre l'enseigne familiale... En plus des sports de force, les deux hommes partagent le goût de l'indépendance. Ils raillent le monde entre deux «rounds» d'entraînement. Et finalement, Brechbühl en vient à adouber Simon: désormais, le professeur de boxe de St-Gervais, ce sera lui! Nouveaux combats. Simon est encore un peu fragile, on lui casse le nez. Il accueille de nouveaux élèves et se lie en particulier à un Nietzsche, étudiant en droit; à Motzig, un boulanger; à Simeth qui deviendra finaliste européen; et surtout à Ligier, un Parisien qui voudrait apprendre de lui, en plus de la boxe, la photographie.

– Pourquoi pas? Tu m'aideras à préparer les bains!

Les deux hommes s'entendent bien. Un soir, dans la pénombre de la chambre noire, fixant dans l'acide le portrait d'une femme qui n'est ni Colette ni Ludmilla, Simon se laisse aller à confier son fantasme:

– Je ne sais pas où est Colette... Mais j'aimerais tant connaître Ludmilla!

– Ludmilla... Pitoëff? Facile! répond Ligier. Un de mes copains travaille avec elle.

– Et puis, tu sais bien, j'aimerais apprendre le théâtre.

– Fais-moi confiance!

Nous sommes en 1919. Un an plus tôt, lassés de leurs errances, les Pitoëff avaient fini par s'installer à Genève où leurs spectacles avaient toujours été bien accueillis. Ligier présente donc Simon à son ami, qui s'appelle Nikoloff. C'est un chimiste bulgare qui teint des étoffes, parle six langues, traduit des pièces et, surtout, donne parfois la réplique aux Pitoëff. Une forte tête. Un insoumis. Un révolté: un type dont François-Joseph ne peut que se sentir proche... Heureusement, pas trop. Car plus tard, Nikoloff choisira l'anarchie violente et finira ses jours, en Turquie, face au peloton d'exécution. Pour l'heure, il personnifie la providence: non seulement

Le rayonnement de Ludmilla hantera les rêves de Michel.

il connaît les Pitoëff mais de plus, ceux-ci cherchent… Un photographe!

Georges s'habitue à la présence de cet admirateur passionné, bon auditeur de ses théories théâtrales sur la primauté de l'acteur et non de l'objet. Cédant à son insistance, il lui offre un rôle minuscule de greffier dans *Mesure pour Mesure,* de Shakespeare: dix minutes de figuration subalterne et quelques mots juste pour dire:

– Il est tard, Monseigneur. Il est onze heures…

Pour meubler, François-Joseph fait le pitre. Il se gratte l'oreille avec le côté encré de sa plume d'oie, traîne les pieds, déploie une panoplie variable de tics en tous genres… A sa façon, très personnelle, il fait siennes les théories de l'austère Georges Pitoëff! L'acteur malingre lui en sait gré. Le costaud reçoit bientôt dix francs par représentation; à ses yeux une fortune pour un rôle sans risque, sans tomates et surtout sans contrainte puisque, précisément, on le laisse «improviser à sa guise».

Dire que l'annonce de sa nouvelle vocation enchante ses parents serait nettement exagéré. Ils ne peuvent toutefois lui imposer leurs vues. Le fils rebelle a vingt-cinq ans, après tout… Véronique et Joseph Simon ne lui adressent qu'une seule prière, instante: qu'il change de patronyme avant de s'impliquer davantage auprès des saltimbanques. Marché conclu. François-Joseph fouille sa mémoire, titille son imagination, puis se fixe sur Béroalde C'est un nom que l'on retient. Preuve en est qu'il l'extirpe du fond de sa mémoire, en souvenir, semble-t-il, d'une lecture de jeunesse (Béroalde de Verville). Rasséréné par l'annulation – avant même son éclosion – d'un conflit familial potentiel, François-Joseph Béroalde enchaîne les rôles que Pitoëff confine dans un registre précis… les minables! Ainsi, de Reynaldo dans «Hamlet» de Shakespeare, Béroalde fait un personnage perpétuellement hébété. De Sorine, général paralytique dans *La Mouette* de Tchekov, il souligne la représentation archétypique du raté glorieux: le général voulait chanter à l'opéra… Mais n'a jamais quitté les bureaux des administrations militaires. De sa chaise roulante, il beugle «Les Trois grenadiers» à un ami qui lui répond:

– Vous avez une voix très forte, mais très désagréable!

Dans les *Bas-Fonds* de Gorki, Béroalde campe Boubnov, un pouilleux qui fabrique des casquettes en émettant des sentences philosophiques. Il occupe alors ses mains en jouant, trouvaille d'instinct, avec des bouts de ficelle. «Je jouais un paresseux. Et pour jouer un paresseux, qu'est-ce qu'il faut faire? J'avais trouvé un truc: tout le temps que j'étais en scène, je tripotais ma ficelle… Vous savez, c'était idéal, un geste inutile qui occupe les mains un peu comme un chapelet… J'étais foutu si, par hasard, l'habilleuse l'avait retirée de ma poche: je filais en rechercher une autre avant d'entrer en scène!»[21] Quatre ans plus

Croquis de répétition. Georges Pitoëff dans sa splendeur; sec, volubile et torturé.

Dans Les Bas-fonds *de Gorki, à Paris en 1922. Michel Simon invente un truc scénique que Stanislavski reprendra à son compte, quatre ans plus tard.*

tard, Stanislavski reprendra cette idée.

Clown chez Andreiev *(Celui qui reçoit des gifles),* il redevient temporairement acrobate et constate qu'il a un peu perdu de son agilité. En 1920, il joue César dans *Androclès et le lion,* de George Bernard Shaw. Son interprétation qu'il juge trop libre du personnage lui vaut... quelques remontrances de Georges Pitoëff. Les premières. François-Joseph Béroalde gagne alors mille francs par mois, dont à déduire 400 francs pour la pension alimentaire d'un fils qu'il a eu d'une libraire genevoise; un garçon dont il ne se soucie guère et qu'il a prénommé Michel. Par amitié pour Fritz Platten, l'homme qui avait organisé le retour de Lénine en Russie en 1917, il fréquente quelques assemblées du parti suisse du Travail.

En 1921, Georges Pitoëff décide de rompre ses amarres genevoises pour s'en aller jouer à Paris, où la troupe s'est taillée un joli succès lors d'une tournée. François-Joseph Béroalde n'hésite pas un instant à monter dans ce train béni des dieux, et c'est alors qu'il décide de reprendre son nom. François-Joseph Simon? Non... Son prénom composé ne lui plaît guère. Il fait impérial. Il opte donc pour son troisième prénom, Michel. Jolie façon d'annuler la future existence de son fils, dont c'est le premier prénom! De fait, c'est ainsi Michel Simon que les critiques découvrent, à la Comédie des Champs-Elysées, dans *Mesure pour Mesure.*

D'emblée, ils le remarquent. D'autant qu'il détonne un peu dans l'ensemble théâtral sobre et dépouillé de Pitoëff.

Difficile de dire, à ce stade, où commence et où s'arrête la composition dans le jeu de l'acteur, cet «impayable M. Simon»... Ce qui frappe, note Georges Pioch dans l'Humanité, c'est «son naturel drôlatique», sa faculté de «broder avec une constance imprévue». René Wisner le premier se risque à ce pronostic dans L'Echo de Paris: «Michel Simon, vedette de demain». Sa formidable faculté de faire siens les rôles qu'il endosse, de les restituer pleinement, même dans l'excès, en les vivant plutôt qu'en les jouant, séduit certes les journalistes... Mais crispe de plus en plus Georges Pitoëff. Tandis qu'il prône l'égalité des comédiens face à l'œuvre qu'ils doivent servir, on ne parle plus que de Simon. Ouvrant L'Echo de Paris, Pitoëff lit sous la plume d'André Baunier: «Le succès de la soirée fut pour M. Michel Simon qui, dans ses petits rôles du gendarme Elbow et du condamné Berardin, montre une espèce de génie farceur très habile et surprenant».[22]

Feuilletant Comœdia, il découvre, en lisant Fernand Gregh, la confirmation de son propre constat: Simon «fait d'Elbow un personnage d'une bouffonnerie sans égale».

Le jeune Simon se taille la part du lion. Dans la Tribune de Genève, Marcel Rouff donne cette clé aux critiques parisiens qui louent son compatriote: «Acteur de composition hors pair, fantaisiste à inventions prodigieuses, il sait se servir de son accent genevois pour centupler ses effets». Le chroniqueur théâtral ajoute d'ailleurs, à l'appui de sa thèse, avoir entendu quelques brillants confrères déclarer que Simon «apportait à Paris un nouveau comique inconnu jusqu'ici et extrêmement savoureux». (Bien plus tard, Fernand Berset, Alain Chevallier ou Jean-Luc Bideau importeront aussi des accents suisses, jusqu'à la Comédie-Française où Bideau jouera, notamment, le rôle-phare d'Argan).

Jeanne Simon se retirera assez tôt de la vie de Michel. Elle fut son épouse et la mère de François Simon, qui deviendra cofondateur, à Genève, du Théâtre de Carouge.

Béroalde-Simon, à l'époque des Pitoëff.

L'une des photos de théâtre réalisées par Simon pour la troupe Pitoëff, en 1920.

André Gide vu par Vibert. Il y a du tirage dans ses relations avec Simon!

«Appelez-moi Jules, tant que vous y etes!»

Le succès croissant du «formidable acteur comique de la troupe Pitoëff» agace de plus en plus «le patron». Certes, il a donné toute priorité aux comédiens sur leur environnement scénique. Mais de là à accepter que l'un d'entre eux tire à lui toute la couverture... Et pire, qu'à lui tout seul, il en vienne à estomper le spectacle entier... Pitoëff souffre du syndrome de l'effacement. Bien sûr, Simon a du succès et, de ce fait, la troupe entière vit de grandes heures. Cependant Georges Pitoëff n'est pas homme à se satisfaire de succès. C'est un puriste. C'est une chose que d'avoir révélé Michel Simon au grand public... C'en est une autre, à présent, que de le laisser abuser des libertés qu'il a prises. Le vase commence de déborder lorsque Michel Simon ajoute, dans *Androclès et le lion,* la pièce de George Bernard Shaw dans laquelle il tient toujours le rôle de César, une «petite phrase» de son cru: à un notable qui le tutoie, il lance, impérial...

– Appelez-moi Jules, tant que vous y êtes!

Pitoëff manque d'avaler le mégot qui ne quitte jamais ses lèvres. André Gide, qui a supervisé l'adaptation française de la pièce, d'abord pantois, se plaint amèrement à Pitoëff de l'incident. En retour, le Georgien lui confie toute sa perplexité face à l'incontrôlable Michel Simon.

– Il s'égare...

Et ça ne fait que commencer. Plus tard, l'acteur décidera aussi que, dans *Lilium,* de Molnar, Dieu le Père boite bas. «Pourquoi?» demande Pitoëff... «Et pourquoi pas?» répond Simon! Mécréant mais mystique, voulant bien croire à Dieu mais dans l'échelle seulement de l'imperfection d'un monde «créé à son image», Simon règle ainsi son problème de conscience, son problème d'acteur, et fait triompher sa trouvaille au grand dam de Pitoëff.

Nouvelles remontrances. Elles finissent par lasser Simon autant que les discours du maître sur l'abstraction scénographique. Il se rend bien compte du fait que c'est lui, Michel Simon, avec sa gouaille et sa bouille, qui fait rire le public et le fait se presser aux portes du théâtre. Or, non seulement Pitoëff ne lui en sait pas gré mais, de plus, le Géorgien se prend à rêver de théâtres «à demi-vides» dans lesquels il monterait «2000 et pas 200 pièces». Il ne songe qu'à l'architecture fugace qu'il échafaude pour un soir, architecture qui ne l'intéresse plus dès qu'elle est debout. Le succès le gêne parce qu'il l'oblige à prolonger la durée des représentations des spectacles. Ainsi est Georges Pitoëff, visionnaire ascétique mais piètre capitaliste. Les deux hommes ne peuvent continuer à s'entendre. Mûri aux côtés de Pitoëff, le Simon chrysalidal prend à présent son envol en papillon. Et ce papillon-là, chatoyant, virevoltant, n'en fait qu'à sa tête. Le climat se gâte.

ANDRÉ DECAYE, CHANSONNIER

Eprouvant d'une manière de plus en plus pressante le besoin de «changer d'air», Simon remplit honnêtement ses contrats chez Pitoëff mais choisit désormais ses amis hors du «clan». Comme il ne connaît pas grand monde, il retrouve d'abord Paulette Pax, au Théâtre de l'Œuvre dont elle est devenue propriétaire. Elle y joue avec André Decaye, l'auteur d'*Elle avait une jambe de bois,* une chanson qu'il vient de vendre cinquante francs et qui, plus tard... fera la fortune de son éditeur. Un type marrant, ce Decaye; en outre presqu'un voisin, quartier Gare du Nord. Un jovial un peu porté sur la bouteille. Simon s'y attache et l'invite à partager ses repas. Les deux s'amusent comme des enfants et inventent des situations drôlasses qu'ils soumettent, le plus souvent, à des auditoires inattendus: autant dire qu'ils jouent des tours pendables. Ce faisant, Simon vérifie l'effet de son sens comique sur ce public dont il se nourrit, qu'il observe et à qui, pour sa plus grande joie, il restitue les tics. Il prend toujours pour point de départ une observation méthodique du réel. Il vit profondément chacun de ses gestes. On verra que dans la plupart de ses rôles importants, Simon prendra le parti de la contestation: il fera rire du drame et saura émouvoir dans les situations les plus risibles. La nature même de ses interprétations tient de sa personnalité non seulement contestataire mais aussi provocatrice. Pour l'heure, assoiffé de débordements qu'il ne peut (trop) se permettre chez Pitoëff, il invente, avec Decaye, mille facéties qu'il expérimente, le plus souvent, dans les restaurants. «Nous allions, racontera Simon,[23] Decaye et moi, dans un restaurant chic. Je faisais le demeuré et, la bouche tordue, la prunelle louchante, j'émettais des borborygmes de sons inarticulés: «Je né pa mémé...»

– Ça, tu l'as eu la dernière fois, me répondait Decaye avec patience. Et il me nouait la serviette autour du cou.

– Vous comprenez ce qu'il vous dit? s'étonnait le maître d'hôtel.

– Vous savez qui est ce pauvre garçon? répondait Decaye. On le soigne dans une clinique. Je ne peux le faire sortir qu'avec la complicité du médecin-chef. Ses parents possèdent l'une des plus grosses fortunes d'Europe. Elle lui reviendra bientôt.

Il ajoutait, en serrant les dents:

– Et ce jour-là, je vous promets qu'il y aura de belles petites revanches!»

Ils déclenchaient ainsi un élan de sympathie de la part de tout le personnel et parvenaient, «à peu de frais, à s'envoyer des geuletons énormes!»

A «peu de frais». Le passage de Genève à Paris a bien amené à Simon la reconnais-

Celui qui reçoit des gifles: *Simon dans le rôle-titre de la pièce d'Andreiev, à Genève en 1922.*

Le refuge de Michel Simon à Noisy-le-Grand. Durant l'occupation nazie, Henri Langlois y cachera les archives de la Cinémathèque française.

Avec sa meilleure amie, Zaza, terreur du personnel des plateaux de tournage et, dit-il, sa seule confidente.

sance du public... Mais l'argent? C'est qu'il dépense beaucoup. Sur des coups de cœur, il offre des cadeaux, achète les objets de sa future collection magistrale d'objets érotiques, arrose les copains... Et vient surtout de s'acheter un petit domaine à l'écart de Paris, trois pavillons dans un vaste parc à Noisy-le-Grand. Une résidence de rêve, pour lui. Simple peut-être, mais construite par Gambetta. Jusqu'ici, c'est un peintre au nom aussi bizarre que l'architecture des lieux qui habitait là: Poilpot, l'auteur de vastes scènes de batailles napoléoniennes, assez lyriques, et dont les amis se nomment Georges Courteline, Alphonse Allais ou Tristan Bernard. Aussi, Michel Simon, en rachetant le domaine à Poilpot, a-t-il conscience d'acquérir bien davantage qu'une résidence, la première qui lui est fixe: il devient le dépositaire émerveillé des effluves mystiques dont ses illustres visiteurs n'ont pas manqué, précédemment, d'imprégner les lieux. Et il y ajoute bien sûr sa patte. Reconnaissable dès l'entrée: comme pour marquer le territoire, il y installe, sous l'auvent, un samouraï grandeur nature et casqué, dont on peut serrer la main... Et qui bande alors un sexe énorme.

L'ensemble, on l'a dit, compte trois maisons. Dans l'unique qu'il habitera jamais – dix-sept pièces – il dispose tout son fourbi érotique, aménage une salle de gymnastique, un atelier de bricolage et une chambre à coucher digne de lui; le tout dans un ordre très relatif. A l'extérieur, dans un parc fou que longent des buis de trois mètres de haut, il installe ses toilettes et la cabane de ses guenons successives dont Zaza sera la plus célèbre; une bête farceuse qu'il vénérera plus qu'aucun humain et qui sèmera joyeusement la zizanie, au grand bonheur de son propriétaire, sur plus d'un plateau de tournage. Sur deux façades, il pose du treillis métallique enroulé en tube et menant au toit. Raison pratique: «c'est l'ascenseur des singes...».

Toutes ses économies y ont passé. Il est fauché. En souffre-t-il vraiment? En dépit de sa future réputation d'âpreté en affaires, il n'a pas vraiment la notion de l'argent. On peut aujourd'hui penser que l'argent ne vient à lui manquer véritablement que dès lors qu'on lui en propose... davantage. Le temps est proche, en effet, où d'autres théâtres vont lui en proposer plus qu'il n'en a jamais reçu. De sorte que Michel Simon, qui a toujours eu le sens de sa propre valeur, va bientôt apprendre à la traduire en termes financiers.

«C'EST LUI OU MOI!»

Jusqu'ici, ses révoltes ont toujours épargné Pitoëff, dont l'aura magnifique séduit Simon même si l'être lui-même le crispe. En fréquentant d'autres théâtres, en se liant aux comédiens qui exhibent devant lui leurs feuilles de cachet, Simon prend soudain et brutalement conscience que, pour autant qu'il veuille s'en soucier un peu, sa situation matérielle pourrait changer. Mais comment avancer, sinon, peut-être, en reculant d'abord d'un pas? Il n'entrevoit qu'une méthode: il lui faut gagner son indépendance. Simon prend donc la grave décision de quitter les Pitoëff. Incapable cependant de le leur annoncer simplement, dressant son bilan sans trop savoir comment passer à cette vitesse supérieure dont il découvre l'existence, il guette l'occasion d'un «coup de gueule» dont il édulcorera le récit, plus tard, lorsqu'il racontera en ces termes la rupture d'avec les Pitoëff:[24] «Je suis entré chez Georges comme photographe. J'étais bricoleur, j'ai fait des accessoires pour Hamlet, et de la figuration, et enfin, trois rôles. C'était en 1920. Ça a commencé: on m'a exploité. Georges. Je n'étais pas payé, à peine. Mais les journaux disaient que j'avais du génie! Avec mon génie, n'empêche que je gobais un œuf et buvais un café au lait au déjeuner. Je ne me rendais compte de rien jusqu'au jour où, pour je ne sais quelle raison, on a annoncé au public, qui était déjà dans la salle, que je ne jouerais pas ce soir-là *Six personnages en quête d'auteur.* Les gens se sont levés. Quel chahut! J'étais en coulisses. Ça m'a ouvert l'esprit. J'ai compris tout à coup que j'étais exploité. Le public protestait et moi, je n'en revenais pas!». Résultat: la démission de Michel Simon.

L'anecdote est révélatrice de la perpétuelle hypersensibilité de Simon à tout sentiment d'injustice. Michel Simon fait d'ailleurs sienne cette réplique du directeur de théâtre imaginé par Pirandello: «La raison est une coquille vide si l'instinct aveugle ne l'emplit pas!» L'anecdote n'est pas moins révélatrice, aussi, de sa faculté d'adapter – sans mentir vraiment – la réalité. Il s'y amuse parfois. Lorsqu'il rappelle, par exemple, qu'il a été «finaliste d'un championnat d'Europe de boxe», il ne ment pas mais omet quand même de préciser que c'était... comme entraîneur. Et lorsqu'il dit ici avoir oublié les raisons de son remplacement subit dans *Six personnages en quête d'auteur,* il oublie que c'est – bien sûr! – à la suite d'une véritable provocation de sa part. La provocation; cet autre trait, désormais marquant, de son caractère.

Il faut dire, ce soir d'avril 1923, l'occasion de frapper son «grand coup» lui est servie sur un plateau. C'est précisément l'une des ces petites injustices ayant le pouvoir de l'horripiler qui déclenche tout; un larcin dont il est la victime scandalisée. L'histoire vraie de sa rupture d'avec les Pitoëff confirme ainsi l'intransigeance de Simon dans les affaires d'honneur. Il faut la conter. La démonstration de toute la force, de tout le caractère de Michel Simon se concentre, en effet, dans l'épisode de sa rupture d'avec les Pitoëff.

Le larcin: un fâcheux a volé le costume de scène de Michel Simon. Le chenapan retrouvé et la parure restituée, l'acteur exige son renvoi. C'est un accessoiriste em-

Un de ses premiers rôles à Paris, en 1923: Simon en directeur de théâtre dans Six personnages en quête d'auteur, *de Pirandello.*

MARTHE ANTOINE GERARDIN
michel Simon

ployé non pas de la troupe mais du théâtre. Le directeur refuse. Simon persiste dans une lettre recommandée: pas de réponse. Il demande à être reçu par le directeur toujours cloîtré dans son mutisme: pas davantage de réponse. Michel Simon (qui doit précisément jouer le rôle d'un directeur de théâtre!) lui lance alors cet ultimatum:

– Si, dans dix minutes, vous ne m'avez pas reçu, ne comptez plus sur moi pour les *Six personnages!* Il est huit heures. A huit heures dix, Simon accorde une petite grâce; à huit heures quinze, il plie bagages.[25]

Ainsi Michel Simon quitte-t-il Georges Pitoëff sur un coup d'éclat. En apparence, la troupe le soutient. Elle menace même de faire grève. Déployant des trésors de charme, Pitoëff palabre et obtient gain de cause aux yeux des «siens»: faisant finalement bloc autour de leur charismatique patron, les comédiens finissent par se rendre quand même en scène, ce qui choquera profondément le Genevois. Simon comparera ultérieurement les effusions préalables à son départ au «baiser de Judas».

Ah! La lâcheté humaine... L'acteur – qui s'est tout de même un peu autocrucifié – regagne tristement la rue Washington, où il loge durant les représentations, gagne la chaise en osier de sa petite chambre d'hôtel, qu'il n'a pas payée, s'approche de la table et fait ses comptes. Il n'a plus d'emploi et seulement quarante francs en poche. Il ne lui reste que sa réputation. Sa réputation et, pour corollaire, un sacré brin de chance: le télégramme salvateur que lui apporte la concierge. Sa torpeur dépressive, naissante, paraît stoppée net lorsque, interloqué, il lit ces mots: «Cher ami, je vous attends à déjeuner demain chez moi. Affectueusement vôtre, Claude Anet». Claude Anet! L'auteur de «Mademoiselle Bourrat» caresse un audacieux projet dont il veut faire part à l'acteur bourru.

«Faire valser la bonne société»... Michel Simon la fréquente mais ne l'aime guère. Le théâtre, ce miroir, lui est un moyen d'exprimer une sourde révolte.

Page 38: Simon vu par Marthe Antoine Girardin, à la fin des années vingt.

DU THÉÂTRE AU CINÉMA

MESSIEURS LES DIRECTEURS

Anet veut faire connaître Michel Simon à l'Amérique. Justement, on va jouer *Mademoiselle Bourrat* à New York, où un professeur d'anglais doit prendre en charge le Français qui jouera le rôle du père de la jeune femme. Pourquoi pas lui? Ravi, Simon accepte, traverse l'Atlantique… Et se remet à déprimer. Certes, il «tient» son rôle. Certes, les critiques l'accueillent bien. Mais il s'ennuie à mourir dans cette ville qui lui paraît hostile, cette ville où ses bêtes lui manquent et où, surtout, il se sent piégé. Lui qui voulait séduire Paris! Le rideau à peine baissé sur la dernière représentation, il y retourne dare-dare et se présente à un ami de Claude Anet, Gustave Quinson.

Gustave Quinson est un directeur de théâtre. Fort de sa récente expérience, Michel Simon s'en méfie forcément. Il lui faut pourtant bien faire un choix: s'il veut des rôles, il doit affronter les directeurs. Or à ce moment, Quinson règne en maître sur plusieurs théâtres. Pas n'importe lesquels. Ceux des grands boulevards, dont Pitoëff dit qu'ils sont «des lieux de prostitution»… Rien que d'y penser, Simon se sent d'humeur ragaillardie. C'est ainsi d'un cœur léger qu'il pénètre, rue des Mathurins, dans le bureau boisé de Gustave Quinson. L'abordage est brutal. Quinson l'accoste:

– Savez-vous qui vient de me téléphoner? Votre ancien directeur! Il est furieux, vous savez… Il demande à tous ses confrères de ne pas vous engager!

Ça commence mal. Michel Simon se renfrogne. Quinson poursuit:

– Il aurait dû exiger de vous un dédit!

Michel Simon n'y avait pas pensé. Sûrement guette-t-il la porte, qu'il voudrait bien franchir dans l'autre sens…

– Or, figurez-vous que cet âne ne vous a même pas fait de contrat nominatif! Donc vous êtes «blanc» et moi, je vous prend.

Soulagé, Simon se risque à une audace:

– Vous savez. il me donnait douze cents francs…

– Je vous en donne quinze cents!

Et c'est ainsi que, sur les chapeaux de roues, Simon aborde sa nouvelle carrière théâtrale.

Avec Mirande, Tristan Bernard vient d'achever «Embrassez-moi». C'était une commande de Quinson, lequel habille subito Michel Simon en Lord anglais, un rôle qu'il n'a guère le temps de répéter. Le soir de la générale, Courteline est présent. Georges Courteline, sous les fenêtres duquel Simon rôdait autrefois dans l'espoir de l'apercevoir… Et présent avec Tristan Bernard, que Simon n'admire pas moins! L'acteur en perd ses moyens. Il joue mal et se plaindra plus tard de n'avoir pu préparer vraiment ce rôle. Jouer mal devant Courteline (qu'il ne rencontrera d'ailleurs jamais), c'est une blessure profonde pour Simon. Déstabilisé, il en vient même à regretter

La Vocation d'André Carrel, *de Jean Choux. Une œuvre muette qui doit au seul Michel Simon d'avoir passé à la postérité: c'est son premier film.*

Pages 42/43: Le graphisme des affiches. Ce n'est que tardivement que la photographie est venue s'insérer à la «réclame» dessinée. Le regard de Simon fut une manne pour les publicitaires!

Page 40: Dans Baleydier, *de Jean Mamy, avec Jocelyne Gaël.*

FRANCINEX PRÉSENTE
MICHEL SIMON
JULES BERRY
RAYMOND BUSSIÈRES
et
BLANCHETTE BRUNOY
LA TAVERNE
DU
POISSON COURONNÉ
Scénario de RENÉ CHANAS - Adaptation de NINO FRANK
Dialogues de HENRI JEANSON . Mise en scène de RENÉ CHANAS
avec YVES VINCENT-DALBAN et MICHÈLE MARTIN

MICHEL SIMON
JEAN-PIERRE AUMONT
et
MEG LEMONNIER
DANS
BELLE ETOILE
UN FILM DE
JACQUES DE BARONCELL
AVEC
SATURNIN-FABRE
ET
MARCEL VALLEE _ GEORGES LANNE
JEAN AYMES _ NUMES FILS
Scénario original et dialogues de
MICHEL DURAN
UNE PRODUCTION
ECLAIR-JOURNAL
ECLAIR JOURNAL

Fils de notable... Simon en André Carrel *dans le film de Jean Choux.*

Avec Yvan Mosjoukine. En 1925, Feu Mathias Pascal *de Marcel L'Herbier marque, avec* La Vocation d'André Carrel, *les débuts de Simon au cinéma.*

New York. Fragile, il déprime à nouveau.

Un homme ne tarde pas à percevoir ce nouvel aiguillon torturant Michel Simon. C'est un ancien médecin. Un médecin reconverti dans la direction d'un théâtre, le Dr Saunier. Ce médecin-là détient la potion du moment: un rôle d'un an dans *Ma femme danseuse,* de Louis Delluc. Michel Simon, l'accepte. Il se mue en un domestique idiot, s'en donne à cœur joie, multiplie les pitreries et reprend confiance en lui. C'est une bonne expérience. Elle le décoince vis-à-vis des directeurs de théâtre. Paulette Pax lui en présente d'ailleurs bientôt un autre: Rodolphe Darzens, le patron du Théâtre des Arts, un personnage pittoresque que racontera Paul Guth: «Il venait de St-Pétersboug. Il ressemblait tantôt à un clochard, tantôt à un prince égaré dans un smoking constellé de taches. Il arborait un carré d'étoffe noire sur un œil comme Filochard dans les «pieds nickelés». La barbe hirsute, les ongles en deuil, il regorgeait d'anecdotes sur Verlaine et Moréas». Darzens confie à Simon le rôle de Colombe dans «Pygmalion», de George Bernard Shaw. Triomphe encore, triomphe toujours... Michel Simon atteint les sommets de son art. Pourtant, insidieusement, il entre dans un processus qu'il lui faudra bientôt enrayer. Un processus dangereux.

Sans s'en rendre compte, il devient prisonnier de personnages souvent, presque toujours, ubuesques. Il en fait l'amer constat quand il renoue, en 1925, avec un théâtre plus grave, plus proche donc de celui des Pitoëff. Lorsqu'il joue le rôle d'un toxicomane dans «On demande un amant», de Maurice Dekobra, la critique l'éreinte vertement. Seules de rares plumes, plus polies, demandent plus sobrement s'il ne s'est pas «fourvoyé».

Michel Simon le prend mal mais il a des ressources. En deux ans, il a gagné de l'assurance; une nouvelle sûreté de lui-même qui l'aide à dévier la tentation dépressive jusqu'à en oublier même jusqu'à l'idée. Au théâtre, il a joué une trentaine de rôles, y compris, au Théâtre de Monte-Carlo (1924), celui de Jérôme Boudriot dans *La Beauté du diable,* de Jacques Deval. C'est plus tard, beaucoup plus tard qu'il deviendra légendairement Faust-Méphistophélès dans le film de René Clair. Pour l'heure, il ne connaît pas les plateaux de cinéma. C'est à l'appel d'un compatriote qu'il va les découvrir.

Cette affiche est l'un des trésors de la Cinémathèque suisse, à Lausanne. Le nom de Michel Simon n'y apparaît pas. Aujourd'hui, c'est Blanche Montel qu'on oublie de citer...

JEAN CHOUX, CINÉPHILE

A Genève, Jean Choux rêve de réaliser un film et, dans l'attente, se contente de fréquenter passionnément les salles obscures. Il signe des articles dans «La Suisse» et, chez lui, le soir, met au point un scénario qu'il prévoit de tourner en 1500 séquences courtes, ce qui est énorme. En 1925, il engage une dizaine d'acteurs et fait appel aussi à Michel Simon. Celui-ci, expérience nouvelle, va devoir jouer de son seul physique: le film est muet. Le rôle lui va comme un gant. Il est Marius Duret, le précepteur d'André Carrel, le fils un peu surmené d'un académicien connu; si connu même que les troubles passagers de son rejeton ne doivent être portés à la connaissance du public. Aussi l'isole-t-on dans quelque beau palace des bords du Léman, sous la garde d'un précepteur perplexe. Evidemment, l'affaire est bientôt ébruitée et Carrel, trahi, fait l'objet de la risée d'un personnel doutant de sa raison. Ainsi commence le film.

Tout Simon transparaît dans les premières scènes. Ce n'est pas un rôle de pure composition: Simon revit, en les transposant par son jeu d'acteur, des scènes qu'il a vécues. Ainsi, l'enchaînement d'actes démesurés qui s'ensuit d'anodines confidences n'est pas sans rappeler la farce, le grand numéro plusieurs fois expérimenté dans les restaurants (par l'acteur et son ami André Decaye) de l'héritier débile. Par ailleurs, Simon connaît bien aussi la croissante injustice née d'une confiance mal placée. Or Carrel, de toute évidence, est victime aussi de telles injustices.

Pour les fuir, Carrel s'engage chez un transporteur de pierres de Meillerie, dont la fille lui a tapé dans l'œil. Le précepteur laisse faire et se la coule douce, non sans rassurer de temps en temps le lointain académicien: «tout va bien!». Ce n'est pas faux. Carrel vit enfin, peut-être, la vie qu'il attendait de pouvoir connaître, et qu'un père étouffant lui interdisait en raison de ses idées bien arrêtées sur l'éducation. En clair, il brimait son fils. D'une certaine manière, Simon, qui avait lutté aussi pour se libérer de la gangue familiale, retrouvait dans ce rôle une part de son intimité.

Bien dans le style de l'époque, se mêlent à l'action quelques histoires d'amour à tiroirs, une lutte, un peu de morale (Carrel abandonne sa vie de luxe pour une autre plus laborieuse); bref, c'est un mélodrame nourri de bons sentiments. *La Vocation d'André Carrel* restera davantage dans les mémoires pour de belles images des barques lémaniques, dont il ne subsiste aujourd'hui que deux exemplaires soigneusement restaurés et entretenus, que pour sa force cinématographique, mais il marque la rencontre de l'acteur avec le réalisateur du futur *Jean de la lune*. Le climat sera orageux sur le plateau. Simon, à juste titre peut-être – mais assurément, il n'avait pas la manière – cultivait une fâcheuse tendance à vouloir expliquer aux autres comment travailler.

Michel Simon fait donc ses premiers pas à l'écran. Il va bientôt tourner, sous la direction de Marcel L'Herbier, *Feu Mathias Pascal*. A tort, on considérera souvent ce film-là comme le premier des cent-quarante tournés par Simon. Mais c'est le deuxième. Enfin... le premier qui compte vraiment. C'est du Pirandello.

Jean Choux, critique de cinéma à «La Suisse» et, à l'occasion cinéaste lui-même. Il supportera mal les conseils et les leçons de Simon. Pourtant, l'acteur voit juste!

Pages 46/47: Suite d'affiches évoquant l'immense carrière cinématographique de l'acteur.

HOCHE DISTRIBUTION PRÉSENTE
MICHEL SIMON
DANS
LA VIE D'UN
HONNÊTE HOMME
SACHA GUITRY
MARGUERITE PIERRY
PAULINE CARTON
LANA MARCONI
MARCEL PERES

RAIMU . MICHEL SIMON et BETTY STOCKFELD
LES NOUVEAUX RICHES
Un film de BERTHOMIEUX
d'après la célèbre Pièce de CH. ABADIE et R. de CESSE
FERNAND FABRE . RENÉ BERGERON . RAYMOND SEGARD
KATIA LOVA et GERMAINE CHARLEY

FERNAND GRAVEY
MICHEL SIMON CORINNE LUCHAIRE
DANS UN FILM DE PIERRE CHENAL
LE DERNIER TOURNANT
MARCEL VALLÉE ET FLORENCE MARLY ET LE VIGAN
ADAPTATION ET DIALOGUES DE CHARLES SPAAK AVEC LA COLLABORATION DE HENRY TORRES

JEAN PAUL GUIBERT
ANNIE GIRARDOT
LINO VENTURA
MICHEL SIMON
PIERRE BRASSEUR
LE BATEAU D'EMILE
DENYS DE LA PATELLIERE
GEORGES SIMENON
MICHEL AUDIARD
JACQUES MONOD
JEAN PRODROMIDES

FILMSONOR présente une production SALVO D'ANGELO. Réalisée par UNIVERSALIA PARIS ROME
MICHELE MORGAN . MICHEL SIMON . LOUIS SALOU . HENRI VIDAL
FABIOLA
Inspiré du célèbre roman de WISEMAN
Mise en scène d' ALEXANDRE BLASETTI
GINO CERVI . ELISA CEGANI . MASSIMO GIROTTI
Filmsonor

JEAN ROBLIN présente
MICHEL SIMON
MICHEL SERRAULT
MICHEL GALABRU
JEAN LE POULAIN
EVELYNE BUYLE
une comédie de
JEAN PIERRE MOCKY
Roland Topor
L'IBIS ROUGE
d'après FREDRIC BROWN ed GALLIMARD adaptation ANDRE RUELLAN et JEAN PIERRE MOCKY
avec KAREN NIELSEN MICHEL FRANCINI, images MARCEL WEISS musique ERIC DE MARSAN
une coproduction M FILMS & LES FILMS DE L'EPEE
EASTMANCOLOR

MICHEL SIMON
COLETTE MARCHAND
DANS
PAR ORDRE DU TSAR!..
avec JACQUES FRANÇOIS
un film d'ANDRE HAGUET scenario de H.A. LEGRAND
EN GEVACOLOR
et par ordre alphabetique
YVES BRAINVILLE - WILLY FRITSCH - JACQUELINE GAY - LUCIENNE LEGRAND
Une co-production FLORIDA-GAMMA-UNION-OSKA-FILMS
DISTRIBUE PAR
GAMMA-FILM

MGM
présente
SAADIA
CORNEL WILDE
MEL FERRER
RITA GAM
MICHEL SIMON
CYRIL CUSACK - WANDA ROTHA - MARCEL PONCIN
Production et Réalisation de ALBERT LEWIN
Couleur de TECHNICOLOR
SON STEREOPHONIQUE PERSPECTA
un film MGM

MICHEL SIMON
GABY MORLAY
DANS
DIRECTION TECHNIQUE
JEAN
DREVILLE
LA FILLE AU FOUET
D'après le roman suisse d'ERNST ZAHN · Adaptation et dialogues de JEANNE HUMBERT
LYDIE LORD
avec COLETTE DARFEUIL et PAULINE CARTON
CLAIRE GÉRARD · ROGER BURKART · ENGELMANN · LUDY RENOIR · MARIETTE ELYS Le Ténor PHILIPPE DEREVEL L'accordéon ABEL BARTHELEMO
MARCELLE GÉNIAT · VÉRONIQUE DESCHAMPS
AVEC HOWARD VERNON ET MICHEL BARBEY
JEANNIC FILMS
Administrateur F. BEAUJON · Directeur de la production André LABROUSSE · Directeur de la photographie Marc FOSSARD · Décors de R. DUMESNIL
Distribué par JEANNIC - FILMS, 57, Avenue George V _ Paris (VIII°)

MICHEL SIMON
DANY SAVAL
CLAUDE BRASSEUR
DANS UN FILM DE
FRANÇOIS VILLIERS
PIERROT
la tendresse
CHANSONS et MUSIQUE ORIGINALE DE
GUY BEART
SCÉNARIO DE CHARLES EXBRAYAT
ADAPTATION DE JEAN SERGE
YVAN AUDOUARD et FRANÇOIS VILLIERS
DIALOGUES DE
YVAN AUDOUARD
AVEC
MARIE DAEMS
JEAN-PIERRE MARIELLE
MAURICE BIRAUD
PRODUIT PAR
CLAUDE CLERT

MICHEL SIMON
SOPHIE
DESMARETS
DANS UN FILM CONÇU, ÉCRIT ET RÉALISÉ PAR
SACHA GUITRY
les 3 font la paire.
Mise en scène de CLÉMENT DUHOUR
PHILIPPE NICAUD - JEAN RIGAUX - CLÉMENT DUHOUR
CHRISTIAN MERY - PAULINE CARTON
DARRY COWL

A.L.R.O
FILMS
présente
Françoise
ROSAY
Michel
SIMON
Le Ruisseau
d'après P. WOLFF
avec
GINETTE LECLERC
PAUL CAMBO
ET
GABY SYLVIA
Mise en scène de MAURICE LEHMANN

IVAN MOSJOUKINE, STAR

Luigi Pirandello a, depuis longtemps, oublié la rancœur qu'il vouait à Simon lorsque ce dernier «dénaturait» le rôle de Jules César, dans la pièce qu'il avait adaptée de George Bernard Shaw. Aussi, lorsque Marcel L'Herbier lui dit qu'il verrait bien Michel Simon dans le rôle de Pomino, Pirandello hoche-t-il favorablement la tête.

Luigi Pirandello est très admiré. Il s'est fait un nom. L'Herbier pour sa part s'est imposé avec des films un peu maniérés, comme *L'Homme du large, Eldorado* ou *Don Juan*. Les deux hommes parviennent sans difficultés à convaincre deux importantes compagnies (Cinégraphie et l'Albatros) de s'associer pour produire ce film qu'ils veulent fracassant, grandiose, immense. En tête de la distribution, l'une des premières «stars» véritables du cinéma français: Ivan Mosjoukine. Comme Pitoëff, il vient de l'école russe. Emigré en France peu après la révolution, en 1917, il était déjà suffisamment connu pour que Pathé l'installât, avec la troupe Ermoliev, à Montreuil. Il est devenu depuis l'amant de Kiki de Montparnasse... Le héros, par conséquent, de chroniques mondaines parmi les plus fleuries de l'époque! D'autant qu'il organise, paraît il, de fines parties dans une garçonnière douillette. Inutile de préciser, à ce stade, que Simon tentera de vérifier l'information par lui-même. Cependant Mosjoukine distingue vie privée et professionnelle. Simon, bon compagnon de tournage, le restera sans parvenir à franchir la frontière délimitant l'intimité. Au faîte de sa popularité, Mosjoukine – parfaite illustration de la fragilité des gloires – gagnera l'Amérique peu après ce film, et sera réduit au chômage par le cinéma parlant. Rentrant en France dans l'indifférence générale, il y mourra misérablement, malade et abandonné, en 1939.

L'une des plus grandes stars du cinéma muet, Mosjoukine, le flamboyant amant de Kiki de Montparnasse, qui finira sa vie dans la misère et l'oubli faute de s'être adapté au cinéma parlant.

Simon dans L'Inconnu des six jours, *film muet de René Sti, en 1926.*

Michel Simon côtoie dans ce film Madeleine Guitry, Pauline Carton (qui incarne déjà son personnage récurrent de vieille demoiselle) et Pierre Batchev, qui n'a pas encore tourné *Un Chien andalou,* de Buñuel (trois ans plus tard: 1928).

Bien que découvrant avec passion le cinéma, Simon ne quitte pas pour autant les planches. Au théâtre, il jouera d'ailleurs quelques-uns des rôles – par exemple Boudu, en 1925 – qui lui vaudront sa gloire au cinéma. D'autres passeront plus inaperçus. Le fait est que Simon, doté d'une mémoire et d'un instinct exceptionnels, enchaîne les personnages. Il côtoie Charles Dullin, joue au théâtre de l'Atelier, se produit sur la scène des Arts, retrouve régulièrement les planches des Mathurins... Préférant nous arrêter sur les rôles les plus révélateurs de la personnalité de Simon, nous ne les commenterons pas tous. Le lecteur, s'il le souhaite, en trouvera la liste exhaustive en fin de livre.

LOUIS JOUVET, PACHA

Printemps 1926, Valentine Tessier annonce à Michel Simon que Louis Jouvet cherche un comédien de sa trempe pour un petit rôle de pasteur dans une pièce de Sutton Vane, *Au grand large,* et qu'il ne rechignerait pas à engager le Genevois, qui vient d'achever *Casanova* dans la mise en scène d'Alexandre Volkoff. Producteur du film, Gregor Rabinovitch sera plus tard soupçonné d'avoir collaboré au KNUD, la police secrète soviétique. Ce détail aura de l'importance. Pour l'heure, c'est l'ouverture vers Jouvet qui prime. L'aventure est tentante. Elle est dangereuse, aussi. Louis Jouvet, qui règne sur le Théâtre des Champs-Elysées, est un acteur strict, non moins directif que Georges Pitoëff. Et comme lui, c'est un mystique. Tout à la fois croyant et superstitieux. Il prédit déjà l'année de sa mort: 1951, à l'âge de 63 ans, chiffre correspondant à la «grande climatérique» que redoutaient les Anciens. L'avenir lui donnera raison et d'ailleurs, le moment venu, à l'image de Molière, il refusera de prendre du repos avant la représentation qui lui sera fatale.[26]

Comme Pitoëff, Louis Jouvet n'aime guère les numéros personnels, surtout si ceux-ci risquent de lui porter quelque ombrage. Comme Pitoëff, il refuse d'admettre ce fait mais préfère se réfugier derrière ses théories théâtrales sur l'abstraction du jeu. Louis Jouvet est un acteur méthodique, déjà auréolé de la gloire due à *Knock,* le rôle-phare de Jules Romains; un maître exigeant et un directeur impitoyable. Aussi Michel Simon ne se rend-il pas sans quelque appréhension à sa rencontre. Jouvet a besoin de Simon et la réciproque est

Simon dans le Casanova *muet d'André Volkoff, en 1927.*

Marcel Achard. L'auteur de Jean de la Lune *imposera Simon à Louis Jouvet: l'acteur genevois y gagnera la gloire avant de se fâcher... avec Jouvet comme Achard.*

vraie aussi; toutefois, il est clair que Jouvet n'aime pas Simon. De sorte que l'affaire est entendue: dès le début de leur collaboration, les deux hommes établissent une sorte de pacte tacite de non-agression. Il les contraindra en permanence, l'un et l'autre, à pratiquer un art qui leur est difficile, celui du compromis. Tandis que Simon accepte des horaires précis, Jouvet feint d'ignorer le manège du faune dans les coulisses, où il séduit, pour commencer, Céline Guyon.

Au grand large présente des personnages énigmatiques vivant (à moins qu'ils ne soient morts?) sur les flots, donc en cercle fermé. Ensuite, dans *Le Revizor* de Gogol, Michel Simon renoue davantage avec son propre personnage en incarnant un recteur atteint, comme le note Henri-Georges Lenormand,[27] «d'indécision sénile». Dans *Léopold le bien-aimé,* de Jean Sarment, il est un modeste retraité des Postes, pêcheur à la ligne et poète à ses heures. Il joue ensuite le douanier Piétri dans *Siegfried,* de Jean Giraudoux, une pièce commandée par Jouvet, lequel l'a réduite en faisant, d'une œuvre de sept heures... une pièce de deux heures.

Au total, Michel Simon passe cinq ans chez Jouvet, lequel le laisse travailler simultanément au cinéma, pour lequel il tourne *La Passion de Jeanne d'Arc,* de Carl Dreyer, pas encore mythifié, *Tire-au-flanc,* de Jean Renoir, ou *Pivoine,* qu'André Sauvage laissera inachevé. Pourtant, on ne peut pas dire que Jouvet nourrisse une grande affection pour le 7e art. Le cinéma lui sera toujours un moyen plutôt qu'un but; le moyen de monter, grâce à de confortables cachets, de coûteuses pièces de théâtre. Tandis que Simon aime ça. Le cinéma est populaire. C'est bon pour son image.

Les deux hommes vont bien sûr se fâcher. Un rien peut nuire au fragile équilibre que les colosses ont instauré! Et ça commence par une histoire d'argent. Evidemment. Une première demande d'aug-

Dans La Passion de Jeanne d'Arc, *de Carl Dreyer, 1928.*

Même année, muet aussi: Tire au flanc, *de Jean Renoir.*

Dans Pivoine, *un film inachevé d'André Sauvage, en 1929.*

mentation de Simon lui est refusée. Jouvet essuie les jérémiades de Simon et lâche l'argument fatal:

– Tu es libre, tu sais…

Que faire? Blessé, l'acteur choisit néanmoins de poursuivre l'aventure. Jouvet a beau lui paraître de plus en plus détestable… Il lui fait tout de même connaître des gens formidables. Comme par exemple Marcel Achard. Bien lui en prend! En 1929, Achard précisément offre à Simon l'un de ses grands rôles: celui de Clotaire dans *Jean de la lune.* Achard et Jouvet, d'ailleurs, se battent sur ce point. L'auteur veut Simon; le metteur en scène, lui, veut absolument imposer dans ce rôle Romain Bouquet, vieux compagnon de théâtre, depuis l'épopée du Vieux-Colombier, en 1917. Mais Jouvet se résigne. Finalement, de mauvaise grâce, «le pacha» accepte l'exigence d'Achard. Ça n'arrange pas ses relations avec l'encombrant acteur. Doucement, Jouvet et Simon en viennent à se haïr. Ce qui nous vaut une réplique mémorable, improvisée, ignoble et prodigieu-

Michel Simon dans les années trente.

«Alors, recrue Simon, on tire au flanc?!»

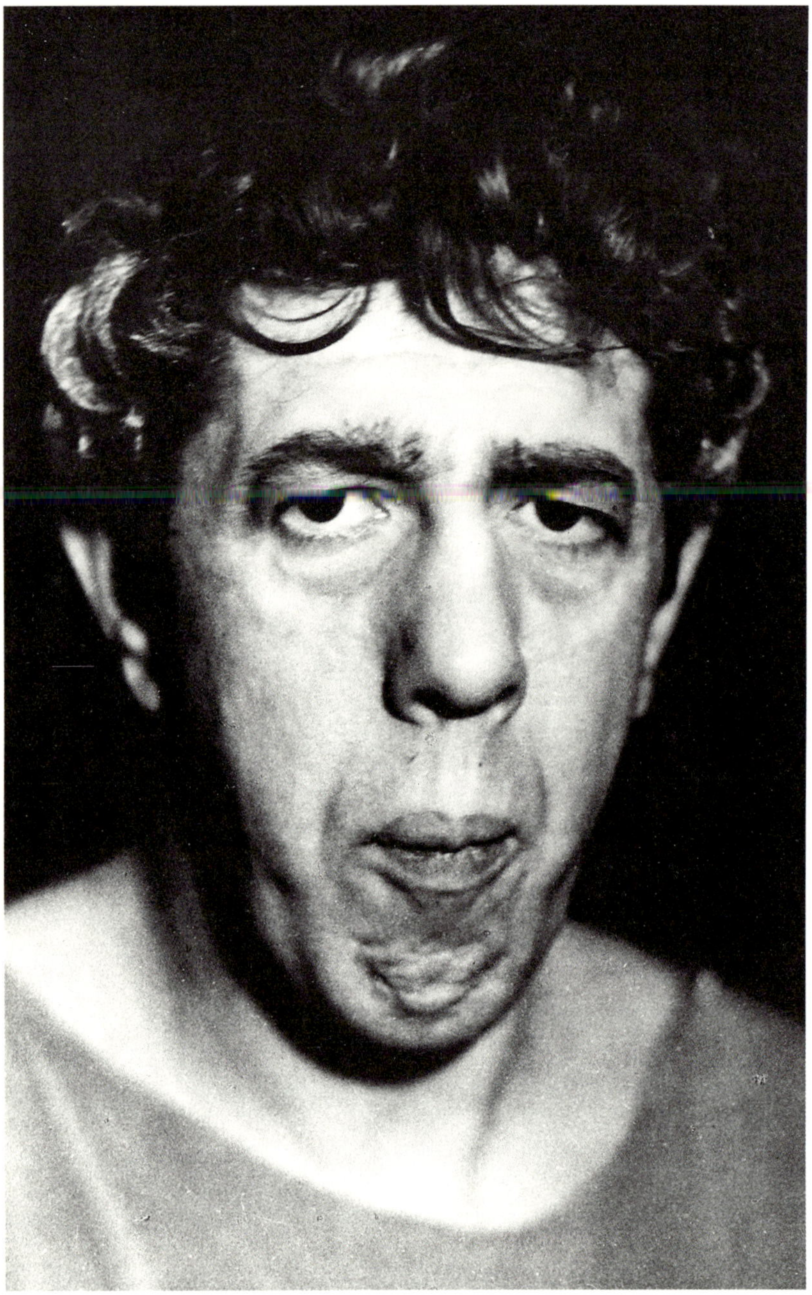

Un grand rôle au théâtre, en 1929 à la Comédie des Champs-Elysées: Simon dans Aphitryon 38, *de Jean Giraudoux.*

se tout à la fois... Lorsqu'un soir, Louis Jouvet (Jef) souffre le martyre de furoncles mal placés, Michel Simon (Clotaire) se venge publiquement et lui lance, perfide:

– Je peux m'asseoir, moi.

– Qu'est-ce que vous dites? répond Jouvet, sidéré.

– Je dis que je peux m'asseoir, moi!

Cette réplique fait hurler de rire le public. Elle restera dans la pièce; les gens de théâtre la connaissent aujourd'hui sous le nom de «clou de Clo-Clo». Marcel Achard reconnaît sa valeur à la trouvaille, qui est bientôt enregistrée sur un «microsillon» de Columbia (mais c'est Armontel qui donne la réplique, pas Jouvet). Cela dit, sensible à l'humiliation de son ami Jouvet, Achard commence à son tour de trouver Simon franchement désagréable. L'ambiance générale se dégrade. Ainsi, lorsqu'on fête la centième de *Jean de la lune* en présence d'Abel Gance, Pierre Brasseur et Marie Bell, bref, le gratin du théâtre et du cinéma français..., chacun remarque que Jouvet et Simon s'évitent soigneusement durant la réception. Effectivement, ils ne se parlent plus. Michel Simon accepte encore *Amphytrion 38,* de Giraudoux, puis il provoque la rupture. Toujours pour une histoire d'argent: «Un jour, on distribue les enveloppes dans lesquelles chacun trouve périodiquement ce qui lui est dû. A sa grande stupéfaction, Michel découvre un montant bien supérieur à celui qu'il avait l'habitude de recevoir. Mais on s'est trompé. Il s'agit du cachet de Jouvet. Outré, Michel garde les émoluments» et s'en va.[28]

Michel Simon retrouvera bien plus tard Louis Jouvet dans *Drôle de drame.* Dans ce film anthologique de Marcel Carné (1937), l'un et l'autre, composant avec force deux personnages antagonistes, se livreront une lutte probablement expiatoire de plusieurs années de rivalité.

«ON M'AVAIT DIT QU'IL Y AURAIT DU PORTO...»

Toujours prompt à se bagarrer avec ceux par qui il s'estime déçu, Michel Simon n'en demeure pas moins fidèle en amitié. Ainsi n'a-t-il pas oublié Jean Choux. Comme il s'était déjà brouillé, il se brouillera encore avec lui... Mais Jean Choux, le premier – il lui en est reconnaissant – lui avait fait découvrir ce cinéma qui vit en France, fin 1929, un tournant de son histoire. Il devient parlant. Quelle révolution! Mosjoukine, on l'a dit, ne s'en relèvera pas. Mais tout naturellement, Michel Simon, technicien du dimanche et, autrefois, photographe novateur, ne manque pas de s'intéresser de près aux progrès de l'industrie du rêve.

A vrai dire, le cinéma parlant avait déjà existé, dans les laboratoires de Thomas Edison, en 1889. Lumière, Méliès et d'autres avaient aussi fait naïvement «parler» des comédiens cachés derrière l'écran. Mais ce qui change, c'est que la technique d'enregistrement devient une composante majeure du film. Et l'opérateur sonore, un personnage essentiel à sa réalisation. On l'appelle d'ailleurs, dérisoirement, et parce qu'il commence sa journée en faisant claquer longuement ses doigts devant les micros qu'il teste, le «casse-noisettes». Simon est enthousiaste de cette nouvelle technique. Eisenstein, lui, s'en méfie, comme René Clair et même Charlie Chaplin.[29]

C'est le temps où Jacques Haïck, l'auteur du surnom «Charlot», projette les films muets de Chaplin dans les quatres salles parisiennes qu'il possède. Simultanément, il construit de vastes studios à Courbevoie tandis que, rue Francœur, Billancourt aménage des studios concurrents. Les premières actualités «sonores et parlantes» voient le jour chez Pathé-Nathan, rejointes bientôt par les bobines rivales d'«Eclair-Journal».

Michel Simon veut à présent donner de la voix à l'écran aussi. C'est Marcel L'Herbier qui lui offre son premier film parlant: *L'Enfant de l'amour,* d'après Henry Bataille, un film somme toute assez mineur. Ensuite de quoi, l'acteur ouvre un bureau rue François-1er, où il crée «pour passer à la vitesse supérieure», les Productions Michel Simon. Mais que produire? *Jean de la lune*? Après tout, Marcel Achard aussi se sent attiré par le nouvel essor du cinéma... L'auteur accepte donc avec joie la proposition de Simon, lequel produira l'un des premiers films «sponsorisés»; financé, en l'occurence, par les «Pâtes de la Lune» dont le propriétaire, Georges Marret, signe un chèque enthousiaste sur le seul nom de Simon. Jean de la lune, les pâtes de la Lune... Reste juste à savoir avec qui tourner ce film. Marret s'en fiche. Achard s'en remet pour sa part à Simon. Qui tranche:

– Mais bien sûr, avec Jean Choux!

D'abord, Michel Simon, devenu producteur et grisé par cette nouvelle activité, recrute les comédiens: Madeleine Renaud, René Lefèvre, Rémy Constant... Et le jeune Jean-Pierre Aumont, encore inconnu au cinéma, et dont la voix plaît beaucoup à Simon. Ensuite de quoi, il appelle Jean Choux, ravi de découvrir une telle distribution toute «prête à l'emploi». Dès lors, Michel Simon fera répéter durant un mois les acteurs sur des tréteaux qu'entourent

Charlie Chaplin. Simon et lui s'admirent mutuellement mais leurs tentatives de rencontres échoueront malgré la complicité, tardive, de Jean Cocteau.

Avec Pauline Carton, en 1952, vingt-sept ans après leur première rencontre, dans La Vie d'un honnête homme *de Sacha Guitry.*

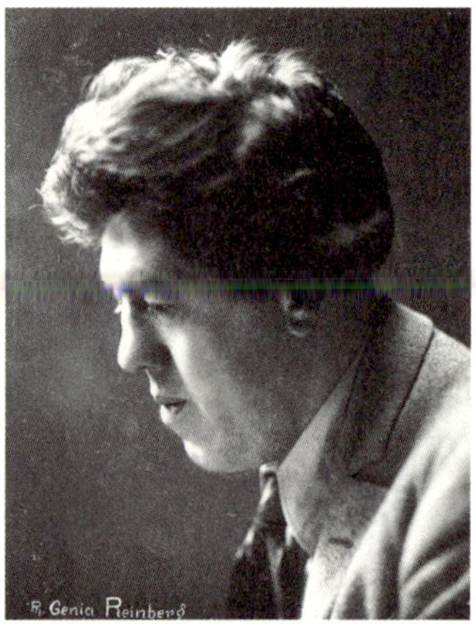

D'un studio anonyme, ce portrait des années trente.

Abel Gance: cinéaste grandiloquent, il est surtout l'inventeur de nombreux procédés techniques dont la mise au point passionne Simon.

trois micros. C'est inédit et original. Il veut les habituer à l'enregistrement sonore, cette notion si nouvelle. Il est clair que méthodologiquement, Simon a raison, fondamentalement raison. Mais la méthode déplaît à Jean Choux. Et Georges Marret ne la comprend pas davantage. Tandis que ce dernier trépigne, Jean Choux s'énerve d'autant qu'il apprend, par la même occasion, que sa femme couche avec «Clotaire»! Or Simon tient bon. Nouvelles passes d'armes, à l'issue desquelles, poussé à bout, le réalisateur quitte le tournage. Inquiet, Marret menace à son tour de couper les vivres. Coincé par le temps, Michel Simon achève donc seul de diriger les acteurs, seul en compagnie de Lecoq, le preneur de son, «le véritable auteur du film», dira-t-il.

Michel Simon s'en donne à cœur joie. Evinçant les fâcheux, il va au bout de son idée, et c'est un moulin à grimaces jouant aussi merveilleusement de sa voix unique, que révèle ce film. Il façonne des répliques qui deviendront célèbres: «On m'avait dit qu'il y aurait du porto…», insiste-t-il avec cette prononciation restée fameuse, gouailleuse et empoulée comme l'est son personnage. Il prononce (comment l'écrire!) «pœurteû» pour désigner l'élixir portugais.

Dans cette merveille, il revient de la Légion et se fait connaître ainsi: «Je suis le frère de Marcelline. Son vrai frère, parce qu'à un moment donné, elle en a eu un autre, un faux, un muffle; d'ailleurs, ce n'était pas moi. Je n'étais pas à Paris. Heureusement, sans ça… Je faisais mon service militaire, dans les Zouaves, à Sidi-Bel-Abbès». Et il chante: «Les campagnes d'Afrique, j'en ai plein le dos. On y marche trop vite, on y boit que de l'eau…» Depuis ce film, chacun sait que Simon «chante faux mais entend juste». Il en fait même une jolie démonstration lorsque Jeff (René Lefèvre, cette fois) chantonne:

– «C'est parce que je t'aime, que tu m'aimes quand même…»

– Mais quand même… Do dièse! Combien de fois faudra-t-il te le dire?

– «Que tu m'aimes quand même…»

– Non! Do dièse, de te dis… «Quand mê-me…».

– Je dis que je peux m'asseoir, moi! La réplique assassine et improvisée de Simon face à Louis Jouvet, souffrant, dans Jean de la Lune.

Simon dans le rôle de Clotaire, qui le marquera pour plusieurs années.

– «Quand même...»
– Non!
– Je fais ce que tu fais.
– Mais tu sais bien que je chante faux! Alors ne fais pas ce que je fais. Fais le do dièse!»

Le montage terminé, Marret et Haïck restent pantois. Ils détestent le film, «du théâtre filmé doté de mauvaises voix», disent-ils. «A commencer par celle de Simon», à qui Haïck offre une forte somme pour déprogrammer *Jean de la lune.* Simon refuse et Haïck, la mort dans l'âme mais lié par contrat, annonce tout de même le film. Il n'est pas au bout de ses surprises: c'est un triomphe populaire! Le style de Simon fait la joie des chansonniers, au point que Jean Choux, vexé mais bénéficiant lui aussi d'un contrat, exige la réapparition de son nom au générique. Michel Simon lui en tiendra rancune. Jean Choux?

«Un pauvre bougre, un pauvre crétin... J'étais lié, plus qu'avec lui, avec sa femme. Choux n'avait rien compris à la pièce, au film que nous voulions faire. (...) En fait, j'ai assuré la réalisation du film de bout en bout. Je n'en tire aucune espèce de vanité. Mais quand je lis dans «Histoires du cinéma» que Jean Choux est l'auteur de ce *Jean de la lune* qui innova, à son époque, sur tant de points qu'aujourd'hui encore, il n'en est pas démodé, et bien! Je me marre un bon coup!»[30]

Marcel Achard réalisera, en 1948, une nouvelle version cinématographique de sa pièce avec, cette fois, François Périer, Claude Dauphin et Danielle Darrieux. Il dira la préférer à la version Simon-Choux qui sera, pourtant, la seule à rester dans l'histoire. Son hostilité croissante à l'endroit de l'impossible Michel Simon, très compréhensible mais franchement regrettable, n'est certainement pas étrangère à son changement d'optique quant au rôle et à l'interprétation de celui-ci.

Simon en Clo-Clo, vu par le caricaturiste du journal Fantasio. La guenon Zaza devient célèbre.

Danielle Darieux et Claude Dauphin entourent Marcel Achard: c'est, en 1948, l'époque du premier «remake» de Jean de la lune.

DE BERNSTEIN À RENOIR

C'est ce film qui «lance» véritablement Michel Simon, qui passe du statut d'acteur connu à celui de très grande vedette. Côté scène, Henry Bernstein offre un nouveau contrat à Simon qui le rejoint au Théâtre du Gymnase. Riche époque… Printemps 1930, il part en tournée nord-africaine (à Sidi-Bel-Abbès!) avec Madeleine Renaud et Roger Gaillard, à qui il donne la réplique dans quatre des six spectacles proposés en alternance. Sitôt de retour, il revoit Bernstein qui lui propose un rôle «écrit pour lui», celui de Camille Lempereur dans *Le Jour:* un soyeux lyonnais plein de bon sens et un tantinet pontifiant. Henry Berstein y flatte l'acteur qu'il couvre de répliques suaves. Simon se régale. Comme par exemple à la lecture de cette lettre d'un homme qui vient de mourir, et qu'il fait à son fils:

Simon vers 1930. Premiers aménagements d'une pilosité qui lui causera, plus tard, de sérieux soucis médicaux.

Quand l'acteur estompe la pièce… Affiche imprimée en 1931.

«Mon cher Camillo. Je passe mes journées à faire ma cure. L'après-midi, j'assiste au concert qui est gratuit. Le soir je vais, deux fois par semaine, à des représentations fort intéressantes auxquelles ma carte d'abonnement me donne droit avec 50% de réduction…». Faussement émerveillé, un brin jouisseur, Lempereur ajoute, à l'attention du fils ému:

– Votre père était un homme infiniment respectable!»

Au lendemain d'une première triomphale, Henry Bernstein est aux anges. Il triple le cachet de l'acteur. Simon n'aura pas honte de dire qu'il en a carrément pleuré de joie. C'est l'apothéose, et le début, aussi, d'une de ces amitiés solides «à la Simon»: binaire, puissante et puissamment ancrée. Une relation où rien d'autre ne compte – comme au temps lointain où il arpentait les boulevards avec Le Goff – que l'assurance d'une assistance mutuelle… Et qui néanmoins finira par se casser. Parce qu'il est une chose qu'il convient d'éviter absolument: donner à Simon quelque sentiment d'étouffement.

Comme toujours, cette amitié-là commence par une folle affection. Bernstein et Simon passent des heures l'un chez l'autre. Un jour que Simon admire un superbe pyjama chez Bernstein, celui-ci saisit l'occasion pour lui faire livrer, le lendemain, un modèle similaire. Une autre fois, de New-York, Bernstein câble deux pages juste pour dire à Simon toute sa lointaine amitié. De temps en temps, il déboule aussi chez lui texte en main, le sortant du lit, afin de lui faire goûter sur-le-champ ses nouvelles trouvailles. Un soir, contemplant Simon les cheveux en salade, et vaseux, il lui propose cette sortie (pour un lever de lit, précisément) dans *Route des Indes:*

– On met des fleurs dans le garde-manger, maintenant? Après, on s'étonnera que le fromage pue la violette!

Dans une scène tendre de cette même *Route des Indes,* qui l'unit à une grue mignonne, Simon se délecte à allonger la sauce et multiplie, cabot, les mots doux. Ensuite, dans *Bohneur,* il est l'imprésario d'Yvonne Printemps, chanteuse à qui il lance:

– Je travaille au théâtre! Je n'ai pas le

temps d'aller au restaurant… Apporte-moi de quoi manger!

On le voit aussi en milliardaire grotesque dans l'adaptation française de *145, Wall Street,* d'Eve Curie. Dévoré par sa peur des avions, il se réfugie dans un train blindé. Et il n'est pas très sûr du salut de son âme.

Bernstein multiplie les attentions en offrant ainsi à Simon quelques trouvailles particulièrement jubilatoires.[31] Les deux s'adorent. Mais Bernstein commet bientôt l'irréparable… Il serre l'acteur d'un peu trop près. Ainsi, lorsque Bernstein trouve à Simon le teint pâle, il lui demande de renoncer à telle ou telle de ses galantes visites. Craignant par ailleurs quelque succès qu'il n'aurait pas façonné personnellement, il lui suggère de délaisser radio et cinéma. Simon, bien sûr, se renfrogne. Et lorsque Bernstein, pour récupérer sa créature qui lui paraît vraiment s'échapper, propose à Simon un scénario écrit pour lui «et déposé pour le cinéma» («les Vieux Joujoux»), Simon refuse! Coup de tonnerre: l'acteur bourru préfère s'en retourner vers Jean Renoir, qui, lui, voudrait bien tourner *La Chienne* mais manque encore de moyens.

Avant l'Actor's Studio

Simon est piégé et n'a pas senti le danger. Au cinéma, *Jean de la lune* l'a imposé dans un rôle si tenace qu'il en est devenu le prisonnier. Au théâtre, on lui confie des rôles tout aussi comiques et grandiloquents, mais, aux yeux du public, il demeure avant tout Clotaire. C'est l'impact du cinéma qui veut cela. On l'accoste dans la rue: «Eh, Clo-Clo, tu ne voudrais pas un verre de porto?». Dans une salle de cinéma, une femme lui tire même les cheveux avant d'annoncer triomphalement à son mari. «Tu vois bien que ce sont ses vrais cheveux, à Clo-Clo!» On lui demande aussi «des nouvelles de Sidi-Bel-Abbès». Au cirque Médrano, où Simon assiste à un marathon dansant, Monsieur Loyal provoque une ovation en annonçant «la présence parmi nous de M. Clotaire-Simon!» A qui la faute? Michel Simon en a tant fait… Il sait bien, qu'il n'aurait pas dû prolonger le rôle de Clo-Clo dans les films publicitaires qu'il a tournés pour un cirage, pour un savon, pour des lames de rasoir…. Mais c'est un fait dont il découvre les contraintes terribles et consécutives: les publicitaires, abusant – avec sa complaisance – du personnage de Clo-Clo, l'ont enchaîné. A lui de faire sauter le verrou du boulet. L'occasion s'en présente bientôt.

Début 1931, Jean Renoir propose à Si-

Jean Renoir. En 1931, alors que Simon ne sait plus comment se débarrasser de son image de Clotaire, il lui présente La Chienne: *un film salvateur.*

Henry Bernstein. L'auteur bienveillant et ami intime de Simon commettra l'irréparable: l'étouffement.

Yvonne Printemps. Lorsque Simon joue le rôle de son impresario, c'est toute sa haine des «meneurs» et des directeurs qui transparaît!

Simon dans La Chienne. *Notable torve, assassin passionné puis clochard par déchéance… Une panoplie sur mesure pour l'acteur.*

A cette époque, l'orthographe des noms est assez variable. Marèze ou Marèse, Carel ou Carrel... Cela dépend des documents.

mon de lire *La Chienne,* le roman de La Fouchardière. Un rôle plutôt grave, qui pourrait le faire évoluer. Simon doit jouer le rôle d'un caissier, Legrand, marié, qui s'essaie aussi à la peinture. A la sortie d'un repas de bureau, il assomme un maquereau dont il installe la «poule» dans un petit appartement: histoire classique d'amour naissant à sens unique. Bientôt envoûté, Legrand profite d'une rencontre inattendue avec l'ancien mari de sa femme, que tout le monde croyait mort, pour reprendre sa liberté et lui laisser son épouse légitime. Rejoignant Lulu, «la chienne», il la surprend avec son homme à elle, rumine longtemps son infortune, puis assassine sa maîtresse non sans parvenir à faire accuser le proxénète qui sera exécuté. Mais à la suite d'une indélicatesse, il perd son emploi, erre et devient clochard.

Les producteurs de La Chienne *attendent de Simon quelques répliques comiques auxquelles l'acteur et Renoir se refusent. Et ce sera, dira Chaplin, «le meilleur drame jamais tourné».*

Janie Marèze mourra sur la route de Sainte-Maxime juste à la fin du tournage. Atterré, Michel Simon s'effondrera durant les obsèques.

Renoir a trouvé des producteurs: Roger Richebé et Léon Volterra. Codirecteur des studios de Billancourt, Pierre Braunberger hésite pour sa part à tenter l'aventure et choisit de tester d'abord le réalisateur (et Simon) en leur imposant de tourner un autre scénario, écrit en six jours (!) et tiré d'une pièce de Feydeau, *On purge bébé.* Ce film préalable marquera la première apparition au cinéma d'un certain Fernand Contandin... plus tard illustre sous le nom de Fernandel. Ainsi qu'une innovation technique: pour la première fois, au lieu d'amener le son à frapper des micros immobiles, on déplace ceux-ci. Par exemple au-dessus d'une chasse d'eau, pour bien en faire percevoir toute la vigueur sonore. C'est révolutionnaire. A tel point qu'une équipe de la Western Electric vient explorer la cuvette, tester les micros et féliciter Renoir d'avoir ainsi découvert, en matière de prise de son, l'œuf de Colomb! Le film «marche» bien. Il rapporte même en un mois seulement ce qu'il avait coûté. L'épreuve donc brillamment passée, le duo

peut enfin s'attaquer à *La Chienne,* toujours d'actualité. Cependant l'anathème frappe encore Simon: Braunberger nourrit toujours l'illusion d'avoir engagé… «Clo-Clo».

– Comment le public va-t-il vous reconnaître, à présent, affublé d'une moustache et d'une paire de lunettes?

– Avez-vous vraiment lu *La Chienne,* rétorquent acteur et réalisateur…

– C'est un drame. Un rôle sombre, et même trop sombre pour M. Simon. J'envisage donc d'ajouter des scènes comiques!

Ce qu'il fait. Renoir et Simon ne bronchent pas, de crainte de voir s'échapper le financement du film, et attendent d'être sur le plateau pour… déchirer ostensiblement les «scènes drôles» du scénario retouché!

Comme Emil Jannings, dans *L'Ange bleu,* qui vient de sortir, Simon veut «faire pathétique et vrai». Si vrai, même, qu'il engage des négociations, sous les pont et porte de Clignancourt, afin de racheter à bon prix les nippes authentiques de quelque clochard certifié. Transaction plus difficile qu'il n'y paraît: les clochards qu'il rencontre tiennent plus fermement qu'il n'y paraît à leur défroque, qui est aussi leur outil de travail. A force de persuasion, et de coups de rouge, l'acteur parvient néanmoins à convaincre, non sans peine, l'un d'eux à accepter une parure neuve contre sa pelure. Il l'endosse: elle fait son bonheur, et celui de Renoir. On ne peut pas en dire autant du personnel de la production. Une habilleuse l'enferme même prestement dans une armoire où stagne déjà, dans une assiette, un peu de désinfectant![32] Le producteur, lui, pique une colère. «Avec l'argent que je lui donne, il pourrait tout de même avoir un costume convenable!» C'est qu'il n'a rien compris à la méthode Simon. Protestations de l'acteur. La tension monte. D'autant qu'on se bat aussi pour choisir l'actrice qui jouera *La*

Un acteur qui fait ses débuts dans ce film ne figure pas sur l'affiche. C'est Fernandel!

On purge Bébé, *c'est le gage accepté par Jean Renoir en échange du tournage de* La Chienne: *un succès facile pour donner confiance aux producteurs.*

Emil Jannings dans L'Ange bleu. *Simon est très impressionné par le film de Josef von Sternberg. Comme Jannings, il s'attache au pathétique et à l'authentique.*

Puissant acteur dramatique mais doté aussi d'un pouvoir comique, Simon dans Baleydier, *de Jean Mamy.*

Elia Kazan. Il fondera avec Lee Strasberg l'«Actor's Studio», dont Simon pressent avant l'heure les mécanismes, en les aplliquant à son propre jeu.

Chienne. Dilemme: Renoir voudrait faire jouer sa femme, Catherine Hessling, mais Michel Simon, soutenu par Roger Volterra, exige Janie Marèze, une jolie femme à qui le père, professeur de musique, a forgé un bel organe qu'elle a fait agréablement connaître dans un répertoire d'opérette. Elle vient aussi de tourner un premier film avec Marc Allégret, *Mamzelle Nitouche,* aux côtés de Raimu. Simon obtient gain de cause. Ce qui provoque de nouveaux éclats. Mécontent de ce choix, Richebé veut sa peau. Or Simon demeure sous l'auguste protection de Jean Renoir, ce qui le rend intouchable. Multipliant les ruses, Richebé en vient à harceler Janie Marèze: «Renoncez à ce tournage, pensez à votre carrière...» Peine perdue. Excédée, Janie Marèze tourne le film puis file se reposer à Ste-Maxime avec Roger Flament, son amant dans *La Chienne* comme dans la vie. Celui-ci aime les voitures de sport mais conduit imprudemment. Il provoque un drame: à l'approche de la propriété de leur amie Berthe Bovy, perdant le contrôle de sa puissante machine, il part dans les décors et tue Janie Marèze. Simon en est profondément bouleversé. Durant les obsèques, on le verra même s'évanouir. Ensuite de quoi, il errera de bordel en bordel, lieux de consolation qu'il avait pourtant (un peu) délaissés au profit de l'inoubliable «dame en violet» de *Knock,* Madeleine Bérubet. A la maison, rivé à sa chère Zaza, sa guenon dont les bras souples se nouent tendrement derrière sa tignasse léonine, il plonge dans une épaisse mélancolie.[33]

Aujourd'hui, le personnage amoral mais sympathique de Legrand-Simon, rejetant les normes établies du conformisme, débusquant les faux masques plaqués sur la réalité et assénant ses vérités, paraît un véritable hymne à Michel Simon. Car ce rôle l'habite; Legrand, c'est lui, il le vit. Il glisse l'être fictif au plus profond de ses propres gènes, marche comme Legrand, parle comme Legrand jusque dans sa vie privée... En fait, spontanément, naturellement, il découvre simplement la technique «d'intériorisation-restitution» des sentiments prônée, à New-York cette même année 1931, par Lee Strasberg et Harold Clurman dans leur Group Theater. Le style fera école. Plus tard, en 1945, Edward G. Robinson s'inspirera fortement du jeu de Simon lorsqu'il endossera ce même rôle pour une nouvelle version de *La Chienne,* américanisée et signée Fritz Lang: «Scarlett Street». Deux ans plus tard, Lee Strasberg fondera avec Elia Kazan, toujours selon ce même principe, l'«Actor's Studio» d'où sortiront James Dean, Paul Newman ou Marlon Brando.

Simon pressent donc, avant l'institutionnalisation de la théorie, que, pour être bon, l'acteur ne joue pas: il *est* le personnage, et le devient par ce qu'il vit. Un peu plus tard, en 1934, après l'échec cuisant de sa *Madame Bovary,* Jean Renoir fera part du trouble né de ce constat aux Cahiers du cinéma, en questionnant: «Le cinématographe peut-il se permettre la transposition ou doit-il, au contraire, s'en faire l'esclave?»[34] Le néo-réalisme en est à ses prémices et Renoir, intimement, a choisi le deuxième terme de l'alternative. Cette prédominance du naturel contribue fortement à la tension dramatique du film (les interrogations de Legrand, le cynisme de Lulu...), qui fait que *La Chienne* figure aujourd'hui au menu de toutes les cinémathèques du monde. Pourtant, lors de sa sortie, seul Charlie Chaplin voit en elle «le meilleur drame jamais montré à l'écran»... Charles Maurras, lui, pourfend à longueur d'articles le film qu'il juge «révolutionnaire» – comprenez: «bolchévique». Pourquoi? Parce que *La Chienne* heurte la morale en mettant à mal tout bon sentiment. Maurras n'est pas seul. Parce que «Simon n'y est plus le merveilleux interprète de Clotaire», la critique parisienne le démolit. Et à Nancy, c'est le public qui démolit – au sens propre – un cinéma. On frise même l'autodafé lorsqu'un distributeur habile trouve la parade, à Biarritz. Jean Renoir raconte:

Un style et un maquillage datés: 1931.

«C'est Sititski qui m'a sauvé, mais absolument sauvé, en prenant *La Chienne* dans son cinéma. Il en faisait ainsi et intelligemment la publicité: «Surtout n'allez pas voir ce film qui est horrible!». Et tout le monde est allé voir le film. Pour la première fois dans l'histoire du cinéma, je crois, il a gardé ce film trois semaines au lieu de quatre jours. Et cela s'est su à Paris».[35]

Le film plus ou moins sauvé, le duo Renoir-Simon n'est pourtant pas au bout se ses peines. D'abord, il envisage un *Hamlet* qui ne se fera pas. Ensuite, ce sera *Boudu sauvé des eaux;* un grand film dont la sortie sera saluée par... une émeute.

DE L'OBSCÉNITÉ DE LA SARDINE

Ainsi donc, Legrand-Simon ose donner au public une image, quoique toute en finesse, d'une certaine amoralité. Ce faisant, il déclenche une tempête. Legrand Simon (et réciproquement)? Il y a les «pour» et il y a les «contre». Marcel Carné se place dans la première catégorie et clame, dans Ciné-Magazine, que «l'audace au cinéma est trop rare pour ne pas être louée publiquement!» Dans l'autre catégorie, celle – majoritaire – des «contre», on retrouve Bernstein. Mais l'auteur et directeur de théâtre ne lâche pas prise... Voyant Simon dans la panade, car largement discrédité, il lui propose, calculateur, de se refaire une virginité en reprenant au théâtre *Jean de la lune* «Succès garanti!», promet-il. Pourquoi pas? Simon accepte d'autant que la distribution change un peu, ce qui devrait le mettre en valeur. Paul Bernard devient Jef

L'affiche originale d'un film d'anthologie.

Dans Boudu, *poussé par un Renoir joyeusement anarchisant, Simon s'oppose à l'autorité et pousse la satire de la «bonne société» au point qu'elle réagira très mal à la sortie du film!*

à la place de Louis Jouvet (qui avait créé le rôle au théâtre) et de René Lefèvre, qui l'avait incarné au cinéma. Alice Cocéa, la nouvelle compagne de Bernstein, prend quant à elle la succession de Madeleine Renaud et Valentine Tessier.

Bernstein cependant a des idées nouvelles sur le rôle. Plus que cela, il impose à Simon ses vues quant à un «renouvellement» de ses attitudes, réflexion rendue nécessaire, à ses yeux, par la récente concurrence du film. Il veut un «autre» Clo-Clo. Marcel Achard approuve. Pas Simon. Les relations s'enveniment une fois de plus... Au point que Michel Simon, l'ancien boxeur d'un mètre quatre-vingt-deux, en vient à balancer une gifle à Marcel Achard! Alice Cocéa racontera plus tard l'escalade de ces désagréables sentiments: «Bernstein traversait la scène sans dire un mot, sans parler à personne, et s'asseyait dans un fauteuil du troisième orchestre dans un silence funèbre. Alors, de l'autre bout de la scène, de sa voix si souvent imitée mais inimitable, Michel lançait:

– Alice, il y a un mort, ici?

J'essayais de le calmer. C'était bien inutile.

– Je ne veux pas qu'il vienne aux répétitions. Je ne le supporte plus dans la salle.

– Voyons, Michel, c'est puéril. Tu ne peux pas lui interdire l'entrée de son théâtre!

– Je m'en fous, répondait-il buté comme un enfant. S'il revient, je lui casse la gueule!

Il insista tellement auprès de Marcel Achard que celui-ci, bien imprudemment, lui affirma que, dès le lendemain, Bernstein ne reviendrait pas. Le lendemain, comme d'habitude, Bernstein était là. Nouvelles fureurs, mais détournées, cette fois, sur Marcel! Ce fut à lui que Michel, pourtant grognon sans violence, si déconfit qu'il fût, incapable de se maîtriser, administra un gifle retentissante![36]

Saisies de l'affaire, la Société des Auteurs et l'Association des directeurs de l'Union des artistes refusent de retirer à Simon sa licence, punition que réclame Achard. En revanche, ils adressent un blâme à l'acteur. Dégoûté, mais engagé, Michel Simon joue dans un théâtre qui demeure relativement vide, en raison – Bernstein avait raison – de la concurrence du film. Attendant d'avoir fini de remplir son contrat, car le blâme le rend attentif, il s'empresse, sitôt le rideau baissé sur l'ultime représentation, de claquer la porte. Et comme il avait lâché Pitoëff, comme il avait quitté Jouvet, il abandonne ainsi Bernstein devenu lui aussi, à ses yeux, «trop étouffant».

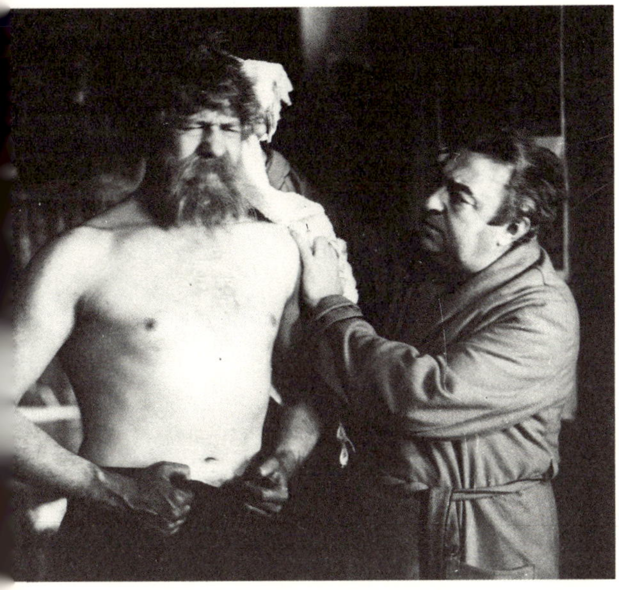

L'ancien boxeur et toujours érotomane aime s'exhiber. Le cinéma cadre son penchant naturel.

Il veut être le maître. Et pour cela, il redevient producteur. On l'imagine aisément bougonner: «Ah, c'est ainsi! On ne m'aime que quand je deviens clochard… Et bien je vais leur en donner, moi, du clochard!». Il redécouvre un rôle à sa mesure, idéal. Un pouilleux. Un type qui «emmerde la société». C'est le Boudu de la pièce de René Fauchois qu'il avait déjà jouée. Illumination fulgurante: il veut être Boudu au cinéma. Il se rend chez Renoir. Pour lui, il avait déjà incarné un Monsieur digne sombrant dans le meurtre, puis la misère… C'est à présent le processus exactement inverse qu'il propose au même Renoir. L'histoire d'un clochard qui se laisse récupérer par la société, quand bien même il doit la «vomir». Simon et Renoir étudient ensemble la pièce, assez médiocre au demeurant, et n'en gardent que la trame. Ils en rajoutent et s'amusent comme des fous, en tournant le film.

Hélas! Le 11 novembre 1932, un surprenant fait-divers gâche la première présentation publique, au Colisée où Jacques Haïck venait de remplacer les ouvreuses pour éviter la drague. Raté: ce vendredi férié, un ouvreur est trouvé mort dans les toilettes, où un monsieur l'avait accompagné pas forcément cinéphile. L'affaire fait grand bruit. L'anecdote, bien sûr, réjouit Simon, si décidé à se moquer des «gens biens». Malheureusement, la première cinématographique passe évidemment inaperçue. La presse ne parle plus que du «mort du Colisée». Deux jours plus tard, des fauteuils du cinéma sont même cassés par des spectateurs déchaînés. Police-Secours doit intervenir. Mais qui hue-t-on le plus? Le directeur du lieu d'une supposée débauche, tragique au demeurant, ou… Simon, dont les manières, en Boudu, choquent la société? L'un et l'autre, sans doute. Mais surtout Simon. La preuve en est faite lorsque le Préfet de police de Paris lui-même convoque Simon, avec Renoir, afin de leur interdire une scène particulièrement licencieuse. Une scène épouvantable. Jugez: c'est lorsqu'on voit Boudu manger des sardines avec les doigts! Bien évidemment, les deux refusent. Et la mauvaise tête de Simon fait la joie des échotiers; donc, aussi, sa gloire. Son personnage est affiné.

Pages 64/65: Simon dans La Tosca, *un film que Renoir, fuyant précipitamment Rome et ses chemises brunes, n'achèvera pas. C'est son assistant Luchino Visconti qui prendra le relais.*

L'art de la table dans Boudu: *l'objet d'un scandale!*

LES ANNÉES PROLIXES

JEAN VIGO, CET AUTRE RIMBAUD...

La liste est longue des parallèles que l'on peut tracer entre *La Chienne* et *Boudu sauvé des eaux*. Non seulement dans la personnalité révélée de Simon, mais aussi par l'accumulation d'innovations techniques. En effet, Renoir, cette fois, fait une nouvelle trouvaille. Elle ne touche pas au son mais à l'image: pour filmer Boudu, lorsqu'il arpente les quais, il utilise un objectif dont l'usage semblait réservé jusqu'ici au documentaire. Connu pour sa très grande distance d'approche, on ne l'utilisait que pour filmer... des animaux sauvages. (Ici, le biographe ne peut que sourire). Cette méthode présente un avantage majeur qui va modifier l'esthétique du cinéma de fiction: le sujet peut être «cadré» dans son environnement naturel, qu'aucune machine visible ne vient à troubler. Concrètement, Boudu est ainsi filmé parmi de vrais passants: personne ne remarque le clochard, et encore moins la caméra planquée, au loin, sur un balcon. On connaît le succès ultérieur du film. Un classique du cinéma français.

Boulimique, Michel Simon va encore tourner trente-sept films jusqu'en 1939. Soit, en moyenne, plus de quatre par année. Performance d'autant plus évidente qu'il ne quitte pas pour autant le théâtre: ce sont ses années prolixes. Trop prolixes,

Le père Jules de l'Atalante, *un des plus beaux films jamais réalisés. Le dernier aussi de Jean Vigo, mort juste après sa sortie marquée d'un échec.*

Page 66: Simon joue Au Bonheur des dames *aux Bouffes-Parisiens.*

même. Car elles voient naître aussi de solides navets. En effet, de peur de perdre l'estime du public, Simon accepte un peu tout ce qu'on lui propose sans véritable discernement. On le voit ainsi en vieux beau dans la première version cinématographique de *Miquette et sa mère.* (Bourvil incarnera par la suite le même rôle). Sous la direction de Georges Wilhem Pabst, à qui l'on doit d'avoir révélé au cinéma Greta Garbo et Louise Brooks, il devient ensuite, dans *Du haut en bas,* «un vieux fou raté, veule et inconscient qui passe son temps à vérifier des martingales avec des haricots, à «taper» ses voitures et à se débattre avec sa propriétaire».[37] Marcel Pagnol produit encore *Léopold le bien-aimé,* dans lequel Simon reprend son personnage, déjà rôdé au théâtre, d'un bucolique retraité des Postes, pêcheur à la ligne. Il tourne en rond, si l'on peut dire, et continue de se produire au Gymnase où il joue Courteline, Maugham et... Bernstein. Dans sa loge, Antonin Artaud ou Félix Mayol viennent parfois le saluer. Nicolas Béhars, aussi, qui deviendra le compagnon de «foirées» de Michel Simon, et surtout son impresario.

Face à Pauline Carton dans Miquette et sa mère, *d'Henri Diamant-Bergé.*

En Ponce dans Léopold le bien-aimé, *d'Arno-Charle Brun.*

Depuis *Boudu,* Simon a des dettes. De son côté, Béhars a dans la poche une pièce de Jean Guinée, alias Roger de Guinchen, qu'il voudrait bien faire adapter par Jean Vigo et pour Michel Simon: *L'Atalante.* C'est un film «fait» pour Vigo autant que pour Simon, son ami depuis environ un an. Béhars n'en doute pas. Vigo non plus. Pour l'en convaincre, le réalisateur donc commence par inviter l'acteur à une projection en petit comité de *Zéro de conduite.* Bon effort de psychologie élémentaire: parce que l'auteur y malmène joyeusement l'ordre établi, qu'il raille le clergé et prône une joyeuse anarchie face aux pouvoirs, ce film qu'il vient de réaliser – et qui n'a pas obtenu l'indispensable visa de censure – ne peut que plaire à Simon. Effectivement, *Zéro de conduite* le touche. C'est une œuvre assez autobiographique où transparaît l'effroyable enfance de Vigo: orphelin après que son père, le journaliste anarchiste Miguel Almedeyra, eût été trouvé mort en 1917 dans sa cellule de Fresnes (officiellement: suicidé), il a connu, durant huit ans, pensions et internats, sous le faux nom de Vigo car il ne fallait pas que l'on sût «qu'il était le fils du traître».

Dans *Zéro de conduite,* Vigo, influencé par Buñuel, et dans une moindre mesure, par Chaplin, règle ses comptes. Ce courage plaît à Simon qui accepte l'offre de ce jeune homme chétif de vingt-huit ans. Oui, il sera le père Jules, marinier à bord de *L'Atalante,* une belle péniche. Initialement, et par ce que telle est la vision d'un producteur pressenti, Jacques-Louis Nounez, le film est censé devoir rendre hommage aux gens des fleuves, à leur courage, à leur abnégation. Subtilement, Vigo parvient cependant à sortir largement du cadre imposé, pour décrire avec force et poésie le cadre magnifique des guinguettes, des berges, des écluses; des terrains vagues et des fêtes foraines; ces premières visions de la ville que l'on peut avoir lorsqu'on navigue au long cours. Pour cela, il enrichit le scénario en travaillant avec Albert Riera. Il le présente aussi, pour approbation, à Blaise Cendrars qui n'y trouve «rien à redire». Simon et Renoir lui proposent la production mais il la décline – retour à la case départ – au profit du tandem Gaumont/Jacques-Louis Nounez.[38] Simon adore ce rôle d'autant qu'on ne lui demande pas d'y jouer un texte, mais bien «d'être» le père Jules. En deux mots: Simon incarne un vieux marinier partant à la recherche de la jeune épousée de son patron, Jean, lequel dépérit depuis qu'elle l'a quitté pour s'en aller voir «la ville-lumière à chaque étage». Et partant à la recherche de l'aimée, la péniche circule langoureusement dans Paris, le phonographe dirigé vers les quais pour y cracher son air préféré de naïve effrontée. Ensuite de quoi, le Père Jules descend à terre. Simon est heureux. A la façon des acteurs de la Commedia dell'Arte, il peut improviser sur un canevas bien aéré par Vigo. Et il se montre à la fois philosophe, rusé et ensorceleur, dévoilant avec délectation ses tatouages («Avec ça, on n'a pas froid!») dans un taudis surréaliste empli d'automates et d'objets hétéroclites, parmi lesquels une paire de mains baignant dans du formol. Les mains d'un anarchiste, «la

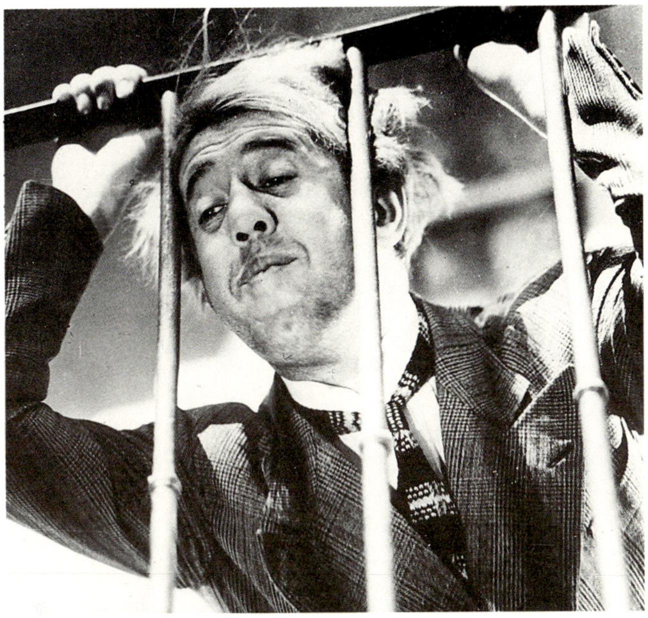

Dans Du haut en bas, *de Georg-Wilhelm Pabst, en 1933.*

Félix Mayol à l'âge de dix-neuf ans, alors étudiant à Genève. Un ami fidèle, admis à fréquenter les loges où Michel Simon s'installe.

Marcel Pagnol. Dans Merlusse, *il veut faire dire à Simon: «Je suis laid!». L'acteur le prend très mal.*

Le regard d'Antonin Artaud, poète, écrivain, damné, ami de Simon.

seule chose que j'aie de lui», dit-il dans cet antre. En outre, Simon jouit de vivre parmi les nombreux chats que, très habilement, Vigo a substitués à l'inévitable chien-fidèle-des-mariniers. L'un de ces chats ne quitte d'ailleurs guère son épaule. A son grand bonheur, une chatte fait même des petits à bord de l'Atalante. On adapte en conséquence le dialogue et le marin-patron, contemplant l'œuvre, peut lancer au Père Jules:

– Oui mais sur notre lit, tu exagères!

– Ils sont pas de moi...», répond-il. (scène non conservée).

Le tournage, durant l'hiver 1933-34, prend du retard. De jour, le lyrique Vigo

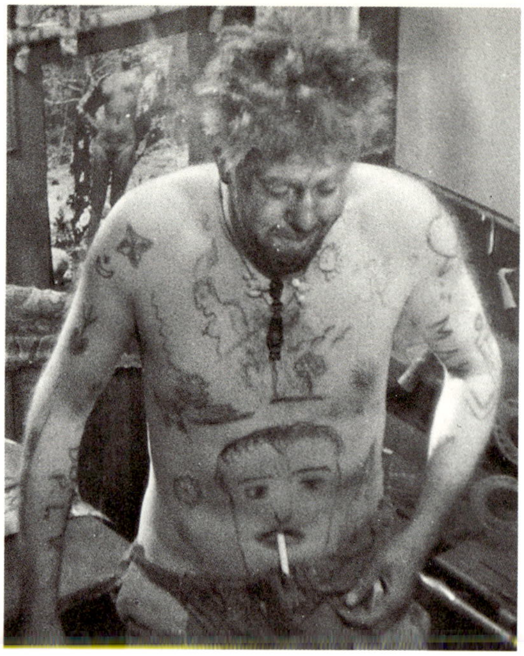

Dans l'Atalante, *comment ramener l'aimée en faisant jouer son air préféré...*

Dans l'Atalante *aussi: la scène fameuse de la cigarette.*

soigne amoureusement ses prises de vues. De nuit, les frères Prévert, Pierre et Jacques, s'efforcent avec Simon de lui remonter le moral: sa santé décline en raison d'une tuberculose qui le ronge. (Les Prévert, qui viennent en amis, participent aussi à la figuration).

Dans ce film, Michel Simon doit entonner *Le petit Negro,* une chanson un peu mièvre. Il en escamote délibérément le refrain pour ne pas renforcer bêtement une xénophobie ambiante en plein essor. Situation générale: Hitler règne à Berlin, et Mussolini à Rome. La France, de son côté, vit mal les suites de l'arrestation du directeur du Crédit municipal de Bayonne: c'est l'affaire Stavisky qui commence. Le pouvoir est discrédité. Les chômeurs du Nord se lancent, de Lille, dans une marche de la faim qu'ils entreprennent jusqu'à Paris. Le monde ouvrier se débat dans la crise tandis que l'Etat crée le Loto national; une machine, factice, de rêves certifiés authentiques puisqu'un modeste coiffeur de Tarascon vient, le premier, d'en empocher le gros lot.

Ce climat délétère fait horreur à Simon au point qu'il hésite, un moment, à tout plaquer pour rentrer en Suisse. C'est pour Vigo qu'il reste. Pour Vigo, et aussi pour le rôle magistral qu'il lui a confié, avec espoir. Car sa santé décline. Il veut achever le film. Simon se raccroche donc à ce père Jules qui exulte, parmi ses objets dont chacun lui est un souvenir. Il ponctue ses récits folkloriques, à vocation pédagogique, du nom de ses escales: «Des nègres? J'en connais bien d'autres, des nègres... Shangaï! Singapour! Yokohama! Melbourne! San Francisco! 1905: Dorothy! Saint-Sébastien! Ollé-Ollé!» Il est roublard, il est naïf, il se mue en faune et en rédempteur, il est dans son élément naturel... Il est parfait. Le film aussi.

Mars 1934, les médecins expédient Jean Vigo en haute montagne. Sur la base d'un plan minutieusement préparé, Louis Chavance assure seul le montage. La présentation «corporative» à l'attention des exploitants de salles de projection, qui précède la première officielle, est fixée au 25 avril. Jean Vigo peut à peine se lever. Il s'y rend tout de même et affronte à la fois l'hostilité de ses commanditaires déçus et celle des diffuseurs scandalisés. Le film leur déplaît: des scènes les choquent. L'ensemble paraît trop dense pour le goût du moment, qui est à la légèreté. Que faire? Vigo est consterné. Il sent qu'il livre son testament. On voudrait l'obliger à le retoucher? D'abord, les «décideurs» lui ordonnent d'inclure une chanson que Lys Gauty a mise à la mode, *Un Chaland qui passe,* qu'il lui faudra injecter à la place de certains passages de la partition écrite par Maurice Jaubert. A contrecœur, il accepte. C'est un artifice purement mercantile: la Gaumont va ainsi pouvoir donner au film le nom de la chanson, qui est populaire. Ensuite, la compagnie impose des coupes. Le marinier étreint-il sa femme dans l'intention bien évidente – qu'elle approuve – de faire l'amour? Censurée, cette scène trop audacieuse! Une cartomancienne propose-t-elle «le grand jeu» au Père Jules? Ecartée, cette idée de débauche! Un officier français danse-t-il avec une femme de couleur (comme lui, d'ailleurs)? Refusée, cette image par trop «démoralisante» de la nation! Crachant sa dernière énergie entre deux quintes, Vigo doit même se battre pour maintenir la scène prodigieuse, pour l'époque, où Jean cherche sous l'eau le reflet de son aimée. D'une poésie touchante, cette scène, partiellement surimpressionnée, est aussi l'une des premières prises de vues sous-marines. Las! De 89 minutes, le film original passe à 65 minutes. Mutilé, dénaturé, rebaptisé donc *Un Chaland qui passe,* le film sort finalement au Colisée. Il n'y fait pas recette et quitte l'affiche après trois semaines.[39] Totalement abattu, Jean Vigo, ce Rimbaud du cinéma, meurt le 5 octobre 1934, à l'âge de 29 ans.

Michel Simon aussi est abattu. Paradoxalement, il doit sa gloire du moment à des œuvres souvent mineures, notamment des opérettes de peu de souffle mais très demandées. On dénie encore aux réalisateurs qu'il admire (Renoir, Vigo...) le génie que lui défend. Dans l'indifférence, dans des films tous trois maudits à leur sortie, il vient pourtant d'interpréter trois de ses grands rôles: Legrand, Boudu et le père Jules. Il rumine. Qu'est-ce qui cloche? Ceci: Simon aime trop les personnages à contre-courant. A l'inverse de John Wayne qui, pour forger son image, choisira de ne jouer que les rôles de héros, il préfère, lui, prêter ses plis à des personnages loin d'être irréprochables et dont il sait l'existence,

Au théâtre en 1934, dans Le Bonheur, *avec Arletty qu'il voudrait bien, en privé, compter au nombre de ses conquêtes.*

Un goût certain pour le cabotinage. Arletty gardera toujours ses distances non sans conserver, pour Simon, une indéfectible tendresse.

Dans la même pièce d'Henry Bernstein, Le Bonheur.

Page 73:
Détail d'une affiche de L'Atalante. *En 1934, le film s'appelle* Le chaland qui passe *pour des raisons commerciales: la chanson de Lys Gauty est à la mode.*

puisqu'il en est un! Et que l'Atalante décrit exactement son biotope! Le constat lui est amer. Comme une bière salée. Il est le Charles Laughton français mais on attend de lui des pitreries de comique-troupier! Renoir et Vigo ont du génie mais ont sabote leurs films! Les producteurs ont tort. On sait aujourd'hui que c'est Simon qui voit juste. Simplement, en 1934, il est en avance. La preuve: préférant voir les pitreries «pour de vrai» sur les scènes de cabaret, le public en vient à déserter progressivement les salles de projection, trop mièvres. Le cinéma français décline et sa production baisse de 30% en deux ans. Elle remontera lorsque les financiers du cinéma réassortiront leurs catalogues, pour en compléter la gamme légère de films graves, ou de bons mélodrames.

Ainsi, il faudra attendre octobre 1940 pour qu'à la faveur de la découverte tardive, de l'œuvre de Vigo, *L'Atalante* reprenne son nom original. Son nom; pas son âme! Impossible de le reconstituer précisément: l'original a disparu. Les hordes d'Anastasie ayant frappé sans trop de discernement, et encore moins de coordination, aucune copie ne ressemble précisément aux autres. Et toutes sont usées. En outre, il n'y a plus d'étalon. Il faudrait un miracle…

Et miracle il y a. En 1989, presque fortuitement, on déterre des caves des Archives britanniques du film une copie datée de 1934, encore nommée *L'Atalante* et poinçonnée d'origine. Poussés par FR3, (la future chaîne France Trois), et par les producteurs de son excellent «Ciné-Club» du dimanche soir, les historiens de la Gaumont entreprennent même de retrouver les rares survivants du tournage. Parmi eux, Jean Dasté, 85 ans, qui fut pion dans *Zéro de conduite* et aussi le patron de *L'Atalante.* Il donne de précieux renseignements. On ressort aussi les écrits de Vigo. On visionne à nouveau les «rushes», soit les plans tournés mais non montés. Après analyse méthodique, l'essentiel reprend ainsi place dans l'œuvre telle que l'a sans doute voulue Vigo. Un nouvel étalon voit le jour, désormais sanctifié comme «version officielle du chef-d'œuvre» (en dépit de quelques doutes planant encore, de cas en cas, sur les intentions exactes du réalisateur). Daté de 1934, il apparaît en 1990 dans les salles de son assassin, de toute évidence repenti, la Gaumont. Et la télévision diffuse la version définitive de ce sommet du cinéma français, pour la première fois, le 12 janvier 1992.

UNE GARÇONNIERE ET DU BEAU MONDE

Après *L'Atalante,* un peu désemparé, Simon s'en remet totalement à Nicolas Béhars, qui prendra en charge sa carrière jusqu'à la guerre. Il veille à calmer la déprime de son ami et lui prépare une vie d'homme (plus ou moins) rangé: désormais, «l'acteur d'avant-garde fait place à un honnête bourgeois qui va à son travail comme on va au bureau».[40]

Dans Fric-Frac, *qui obtient un triomphe considérable en 1939.*

Une résurgence de Sophie... dans la Revue de Rips. *L'époque n'est pas la meilleure de Simon.*

Un double rôle – une de ses spécialités – dans Moutonnet.

Dans Le Mort en fuite, *d'André Berthomieu, en 1934.*

Bien sûr, comme un honnête bourgeois lorsqu'il quitte le bureau, Michel Simon continue d'honorer les bordels parisiens, où il a toujours ses habitudes. Il rôde au Sphinx, au One-Two-Two, au Chabanais... Il n'a jamais caché ses goûts pour ces lieux que d'autres fréquentent, au contraire, en grand secret. Il pense en apprendre beaucoup sur la nature humaine. C'est qu'il y croise des notables d'un peu partout, et aussi des confrères: Raimu, Jules Berry, Tino Rossi (qui gagne plus que lui et fascine les dames, ce qui l'énerve!), Erich von Stroheim... Est-il vraiment déshonorant d'aller au bordel? Alphonse Boudard et Bernard Dimay y ont puisé l'essence de bien beaux textes![41] Simon, donc, se plaît à voir le Tout-Paris se dévergonder derrière les respectables façades des lupanars, et tel directeur célèbre de banque se promener un boa en guise de cravate... Personnellement, il se fait chouchouter par Matounne, la vedette des beaux salons. Elle dira plus tard avoir compté aussi parmi ses clients Gary Cooper, Eroll Flynn et... Marlène Dietrich comme Eva Braun![42] Peut-être croise-t-il Joseph Kessel, Blaise Cendrars et Georges Simenon, autres narrateurs des bordels parisiens de la grande époque (on sait que ce dernier fréquentera aussi assidûment les studios lausannois).

Au théâtre, il rencontre Arletty qu'il voudrait bien «se taper» aussi, mais qui s'y refuse. Les relations demeurent professionnelles, excellentes en scène («Notre jeu s'emboîtait bien») et... plus complexes dans les coulisses.[43] Michel Simon papillonne. Il est célèbre et fait tout pour cela: c'est à peine s'il lit les pièces avant de les accepter! Ce qui lui importe avant tout, c'est le montant de son cachet et l'ampleur de son nom sur les affiches, dûment négociés à la signature de chaque contrat. C'est à ce moment que son fils entre en scène.

Dans son livre déjà cité, Jean-Marc Loubier raconte que Simon parvient à imposer son rejeton à Marc Allégret, lequel prépare, en 1935, *Sous les yeux de l'Occident.* Mais François (en réalité prénommé Michel, mais contraint, et pour cause, de changer lui-ausi son prénom!) n'a rien demandé à son père. Leurs relations sont assez mauvaises, ou plutôt, disons, distantes. François s'est formé par lui-même, notamment aux côtés de Jean-Louis Barrault, Charles Dullin et... Georges Pitoëff. Il souffre de l'ombre de son père. Ce mauvais père, qui jouait autrefois à l'effrayer et qui, à présent, tenaillé, semble-t-il, par quelque remord qu'il n'avouera jamais, donne en cachette un coup de piston au jeune homme. Un jour que Michel Simon croise son fils aux studios de Boulogne, il lui lance ainsi, faussement étonné:

– Tiens, tu joues là-dedans?

– Tu ne le savais donc pas?

– Oh! Moi et les questions d'intendance...[44] François Simon apparaîtra aussi auprès de son père dans *Circonstances atténuantes* (Jean Boyer) et *Fric-Frac* (Maurice Lehman), sous le nom de Michel François.

«Moi et les questions d'intendance»... Ne serait-ce que pour le confort de sa vie amoureuse, Michel Simon s'en préoccupe pourtant, de l'intendance. Il achète un pied-à-terre rue Beauregard, à l'angle du boulevard St-Denis et de la rue de... La Lune. Avantage: le Théâtre Renaissance n'est pas loin. Inutile de dire que la garçonnière est une désolation. Il y empile chiffons – ses vêtements – et revues érotiques, installe un «home-trainer», entrepose des cartons dans la baignoire et ne parlera jamais de cet endroit. C'est Jeanne Carré qui lèvera un peu le voile sur cet antre que fréquente encore, à l'occasion, l'épouse de Jean Choux.[45] A Noisy, il installe ses parents qui ont fait le voyage pour le découvrir, au théâtre, dans *Fric-Frac.* Michel Simon et Victor Boucher y obtiennent un triomphe que l'un et l'autre ont du mal à partager... raison de nouvelles disputes que les géniteurs de Michel comprennent très mal. Quel milieu! Passent Colette et Jean Cocteau, qui l'applaudissent. Et Sacha Guitry qui se lie d'amitié à Simon.

Le *Fric-Frac* qu'il voit plaît à Guitry. En effet, fidèle à son habitude – mais au grand dam de l'auteur Edouard Bourdet – Simon en fait des tonnes en improvisant chaque soir de nouvelles pirouettes que Guitry juge réussies; aussi lui offre-t-il bientôt de

Dans Amants et voleurs, *où il retrouve Arletty.*

Le Mort en fuite *ou comment un saltimbanque imagine un faux meurtre.*

Dans le même film, avec Jules Berry. Dix-huit ans plus tard, une tentative de «remake» avec Pierre Richard et Jean-Marc Thibault échouera totalement.

JOUINEAU BOURDUC
FRIC-FRAC

Page 76:
Fernandel et Michel Simon deviendront rivaux, chacun rivé sur la cote de l'autre au «box office»...

Un film mineur, mais avec Paulette Dubost et Pierre Brasseur.

La profonde dévotion de Michel Simon pour Colette. On le verra en larmes lorsqu'il inaugurera, en 1966, une place au nom de l'écrivain devant le Théâtre-Français.

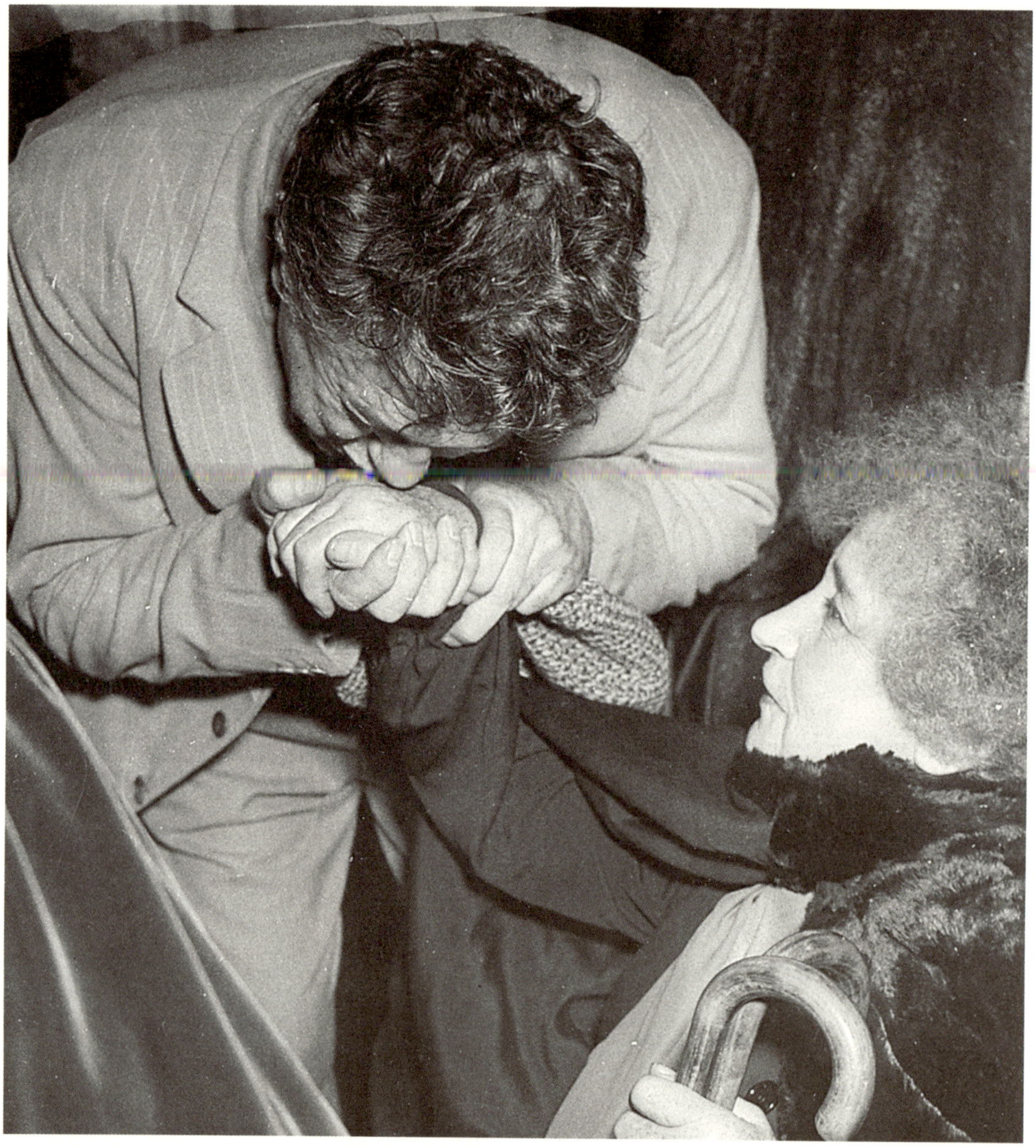

Marc Allégret. Il donnera à François Simon, le fils négligé, l'un de ses premiers rôles au cinéma.

Jean Cocteau. Il tient Michel Simon pour la personnification même de la capacité d'un comédien à se surpasser toujours.

nouveaux rôles. Au cinéma d'abord, dans le très court *Faisons un rêve,* puis au théâtre où Simon devient le pape Clément VII dans *Crions-le sur les toits;* un pape qui affiche (évidemment!) des manières et une gouaille, disons, pas véritablement épiscopales.

L'acteur se démultiplie ainsi jusqu'à tourner sept films durant la seule année 1936! Pour lui, Jacques Prévert adapte tout d'abord un scénario initialement destiné à Noël-Noël et fait jouer à Simon, dans *Moutonnet à Paris,* de René Sti, le double rôle de Mérac – un acteur – et de Moutonnet – un paysan naïf attaché à l'acteur qui fut son camarade de tranchées. Qui est Mérac, qui est Moutonnet? Simon se délecte des quiproquos qu'entraîne la ressemblance physique, aggravée par l'échange de noms auquel se livrent les deux hommes. Rôle d'acteur encore: il est ensuite l'un des protagonistes du *Mort en fuite* d'André Berthomieu. Un saltimbanque qui imagine, pour faire parler de lui, de commettre le faux assassinat d'un compère qui ressurgira à temps afin de lui éviter l'exécution. Evidemment, tout se déglingue et c'est de justesse que l'autre acteur minable n'est pas guillotiné. Jules Berry et Michel Simon font merveille. Les recettes sont excellentes et Berthomieu tentera plus tard, en 1954, de rééditer son «coup» avec Jean Richard et Jean-Marc Thibault, mais ce nouveau film ne convaincra personne.

Renouant avec son goût du double rôle, Michel Simon interprète aussi, dans *Jeunes filles de Paris,* de Claude Vermorel, à la fois un banquier gâteux et son frère alcoolique. Augusto Genina, le grand Italien qui vient de s'installer à Paris, lui offre de tourner ensuite aux côtés de Viviane Romance – que Simon impose – et de Tino Rossi – qu'il déteste – dans *Naples au baiser de feu.* En 1937, autre année prolixe, il retrouve Arletty dans *Mirages* (ou *Si tu m'aimes*), d'Alexandre Ryder: les deux forment le couple de concierges des Folies-Bergères. Mais leurs relations personnelles se ternissent. A Arletty, qui songe à demander une augmentation de son cachet, il lance, dédaigneux:

– Mais regarde-toi: tu es habillée comme Zaza! Zaza, c'est ma guenon.[46]

Le choc en retour, (Georges Monca et Maurice Kéroul) lui amène surtout celui de la critique, très sévère à l'égard de ce vaudeville sucrier; «une stupidité» révélant que «des acteurs comme René Lefèvre et Michel Simon doivent avoir perdu toute confiance dans le cinéma français».[47]

La remarque est fondée. Michel Simon se commet dans des navets. Il espère toujours un «bon» film, une œuvre qui pourrait achever de le consacrer parmi les grands acteurs; une œuvre qui mériterait de garnir les rayons de la toute jeune Cinémathèque qu'Henri Langlois vient de créer… Et ce film, c'est Marcel Carné qui le lui offre. Jacques Prévert en écrit le scénario, son frère Pierre assiste le réalisateur (et apparaît brièvement), Françoise Rosay est de la partie, le jeune Jean-Louis Barrault aussi… Jouvet de même. C'est *Drôle de drame.*

Dans cet immeuble parisien, l'une des garçonnières de Michel Simon.

Avec ses parents à Noisy-le-Grand.

MICHEL
SIMON
VIVIANE
ROMANCE
TINO
ROSSI

«Vous avez dit bizarre?»

«Drôle de drame», c'est du pain bénit pour Michel Simon dont le rôle (double, encore!) d'Irvin Molyneux rassemble tous les thèmes qui lui sont chers: satire des mœurs bourgeoises, du vertuisme religieux et de la bêtise policière; duplicité, humour noir, envolées surréalisantes et, bien sur, petite idylle.

Michel Simon se mue en honorable gentleman (Prévert s'est inspiré d'un roman anglais de J. Storer-Clouston) passionné par les mimosas qu'il cultive avec amour. Tout le monde ignore qu'il est aussi Félix Chapel, auteur (avec sa secrétaire) de romans que la police dévore pour mieux comprendre la psychologie du criminel-type. Précisément, lorsque débarque le cousin de Molyneux, l'évêque-conférencier Archibald Solper, c'est pour condamner publiquement l'œuvre de ce mystérieux et démoniaque Chapel qui terrorise les ligues puritaines. Pensez: on lui doit *Le Crime modèle,* un véritable mode d'emploi! Un guide, certes, mais très imparfait... Preuve en est que William Kramps, un vrai tueur, lui, doublé d'un illuminé («J'aime les moutons. Les bouchers tuent les moutons. Donc je tue les bouchers...»), a failli se faire prendre en tentant de respecter à la lettre les conseils de Chapel.

Débarquant donc chez Molyneux, l'évêque arrive au mauvais moment. Les domestiques ont fait leurs valises, son épouse est absente aussi, et l'ecclésiastique flaire quelque grave anomalie. Cela d'autant que Molyneux s'embourbe et se contredit dans ses explications. Moment extraordinaire! Michel Simon joue ici à merveille de son visage pour y faire défiler la panoplie complète des expressions – successives – de la fourberie, de l'attention, de l'intérêt compassé, de la gêne profonde, de l'esquive mal dissimulée puis de la victoire sur l'adversaire – sinon l'angoisse. Bientôt persuadé – à tort – que Molyneux a tué sa femme, l'évêque informe la police, laquelle prend ses aises en s'installant, un jour qu'il est absent, chez le maître des lieux qu'elle attend de pied ferme. C'est alors que Molyneux revient... déguisé: son éditeur, en effet, a chargé Chapel de rédiger l'un de ses brillants textes sur «l'affaire de l'homme aux mimosas»! Beau dédoublement de personnalité, fort utile au demeurant face à la police qui n'hésite pas à confier à Chapel qu'elle attend... Molyneux. Surprise: survient alors Kramps. Comme il a enfin trouvé l'adresse de Chapel, il veut le trucider et se venger ainsi d'avoir frôlé l'arrestation «à cause de mauvais conseils». C'est bien sûr lui que la police embarque. Vers la prison? La guillotine? Il est à noter que très habilement, Marcel Carné soigne une image «de traverse» du vélo de l'assassin; ce qui per-

Page 80: Détail d'une affiche d'un film d'Augusto Genina, Naples au baiser de feu.

Dans Drôle de Drame, *au sommet de son art des doubles rôles et du double jeu.*

L'affiche du film de Pierre Billon sorti en 1937.

met au spectateur d'imaginer sa fuite. Dans cette optique, fin immorale: l'assassin s'en sort, fort de l'amitié (car Molyneux lui a révélé sa double identité) d'un expert présumé en assassinats!

On doit à ce film un des plus beaux duos d'acteurs du cinéma français, notamment dans la scène d'anthologie où Jouvet, intrigué, fait face à un Simon embarrassé d'avoir à expliquer l'absence inattendue de ses domestiques. C'est l'évêque qui attaque en questionnant Molyneux:

– Et où demeurent-ils exactement, ces amis... Qui ont la rougeole?

– Ah... Oui... Où ils demeurent exactement? Eh bien... Vous me demandez... Cher cousin... Où ils demeurent exactement... Hé bien, c'est simple. Il demeurent exactement... Dans les environs de Brighton, je crois.

– Vous croyez? (Et l'évêque examine son couteau). Bizarre... Bizarre...

– Qu'est-ce qu'il a?

– Qui?

– Votre couteau!

– Comment?

– Oui, vous regardez votre couteau et vous dites «Bizarre, bizarre...» alors je croyais que...

– Moi, j'ai dit «bizarre, bizarre...»? Comme c'est étrange. Pourquoi aurais-je dit: «Bizarre, bizarre...»?

– Je vous assure, mon cher cousin, que vous avez dit «bizarre, bizarre!».

(Molyneux se trémousse d'inquiétude. L'évêque enchaîne:)

– Moi, j'ai dit «Bizarre»? Comme c'est bizarre!

Prévert et Carné passent de mauvais quarts d'heure à la lecture des critiques. La fantaisie burlesque du premier et l'âpre dérision du second, coupable d'avoir exalté la fourberie et malmené la bonne société, heurtent les journalistes autant que le public. Sous couvert de son pseudonyme favori, Huguette Ex Micro, Henri Jeanson lui-même charge méchamment Simon («Coqueluche? Choléra des dames!») qui, pour la première fois, envisage d'exiger dommages et intérêts. A la demande expresse de Marcel Carné, soucieux de ne pas froisser le dialoguiste d'un de ses prochains films, *Hôtel du Nord,* Simon y renonce, et se calme en une nouvelle tournée des bordels. Ensuite de quoi, le quatuor Prévert-Carné-Prévert-Simon se rend au Havre où Jean Gabin, Pierre Brasseur et Robert Le Vigan les rejoignent.

La mode est alors au «vaudeville militaire» que loue notamment «l'Action française». Eux la refusent et vont produire un autre chef-d'œuvre: *Le Quai des brumes.* Marie Andrieu, Gaby Déa et Jacqueline Laurent échouent dans leurs auditions et le réalisateur en vient à engager une actrice intelligente et diaphane qui, à 18 ans, vient de tourner deux films sous la direction de Marc Allégret, dont *Gribouille* avec Raimu: Michèle Morgan, à qui ce film confèrera la célébrité.

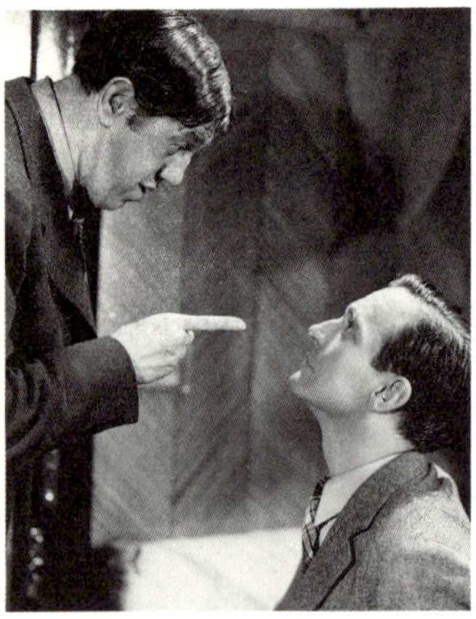

Face à Pierre Brasseur dans La Bataille silencieuse.

Avec Louis Jouvet. Deux hommes que tout oppose: Simon cherche la gloire au cinéma et Jouvet, l'argent de ses prochains spectacles au théâtre. Dans Drôle de Drame.

QUAI DES JALOUSIES

En ces années d'immédiat avant-guerre, la censure se déchaîne. Elle n'hésite plus à se manifester préventivement. Jusqu'ici, elle ne s'attaquait qu'aux films terminés; à présent, elle exige de tout lire avant les tournages. Sombre époque. Son visa sera désormais refusé aux films «tendant à ridiculiser l'armée ou susceptibles d'affaiblir son prestige; à ceux capables de froisser les sentiments nationaux des peuples étrangers et de provoquer, par la suite, des incidents diplomatiques; à ceux reproduisant des attaques à main armée, cambriolages avec effraction, et tout attentat criminel analogue, qui peuvent avoir une influence pernicieuse sur les jeunes gens» à qui il s'agit, pour leur édification, de montrer «la culture française et les bons sentiments».[48]

Ce texte est particulièrement sournois. Le premier point fait implicitement référence à la figuration de l'officier noir et français dont l'apparition, pourtant furtive, fut rayée du *Chaland qui passe*. Elle portait «atteinte au prestige de l'armée». Le second vise – presque explicitement! – à ménager les susceptibilités allemandes. Le troisième freine encore l'ardeur de Claude Autant-Lara, qui songe déjà à adapter *Fric-Frac* au cinéma.

Les Prévert et Marcel Carné demeurent perplexes. Sans céder, que faire de ce scénario de Pierre Mac Orlan qui met en scène un déserteur? On transige: cela ne sera pas dit explicitement. Il est un fait que dans ce rôle, Jean Gabin demeurera d'une politesse à toute épreuve. Il pliera même consciencieusement ses vêtements dont l'Autorité précise qu'elle ne veut pas qu'il «les laisse traîner!» Il faudra donc faire «comprendre» qu'il a déserté. Le public supputera. Moyennant quoi le tournage peut commencer.

Comme la saison n'est pas aux brumes qui doivent participer au climat du film et justifier son titre, le directeur du cinéma français à l'Universum Film-Aktiengesellschaft, Raoul Ploquin, propose le port de Hambourg, plus au Nord, comme lieu de tournage. Marcel Carné flaire le piège, la récupération, et se lie à un nouveau producteur, Grégor Rabinovitch, toujours lui, et toujours entre cinéma et ren-

Claude Autant-Lara et Jacques Prévert en 1933, durant le tournage de Ciboulette.

Depuis la Revue de Rips, *le personnage de Simon s'est fait plus grave, plus entier aussi…*

Léon, dit Belle étoile *dans le film homonyme de Jacques de Baroncelli.*

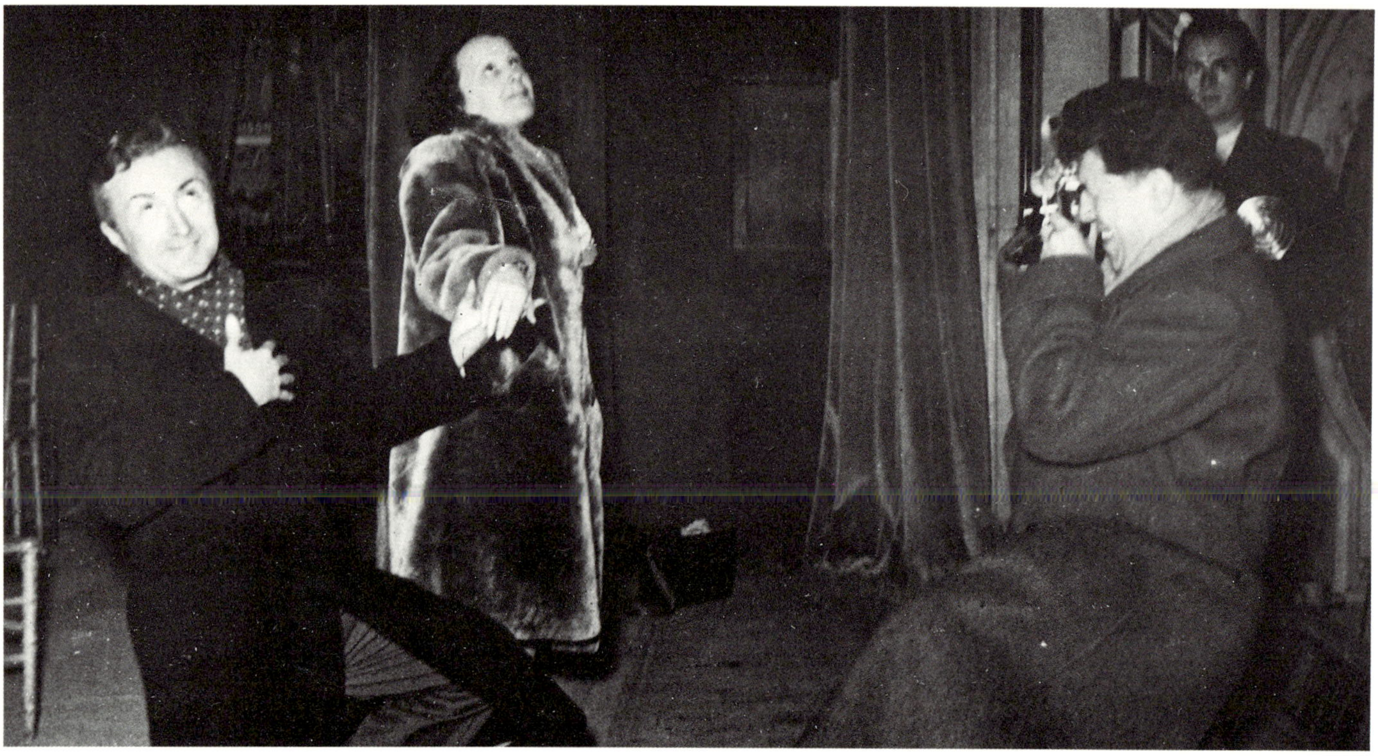

Retour à ses premières amours: Michel Simon photographie Edith Piaf et Noël-Noël.

seignements, qui lui permet de rester au Havre. Charge au décorateur, le sublime Alexandre Trauner, d'inventer la brume. Ce qu'il fait en disposant, sur les quais, des bidons remplis d'une solution de goudron qu'il fait brûler pour dégager les indispensables fumées.

Carné, on l'a dit, a évité le piège allemand. Il n'en a pas moins fait les frais d'une campagne de dénigrement pour le moins étrange, dont Jean Renoir lui-même s'est fait le chantre: devenu communiste, celui-ci assimilera *Le Quai des brumes* à de la «propagande fasciste» parce qu'on y voit, dira-t-il en substance (à l'écrivain Marcel Lapierre), «tant de gens malhonnêtes que l'ensemble suggère qu'il faudrait bien un chef pour tout reprendre en mains!» On peut imaginer aujourd'hui l'écho que de tels propos auraient recueillis si, par-dessus le marché, *Le Quai des brumes* s'était situé en Allemagne déjà nazie...

Au Havre donc, Michel Simon devient Zabel, tuteur trop attentif de Nelly (Morgan). Zabel, respectable amateur de «bonne musique» en général et de musique religieuse en particulier – laquelle couvre à l'occasion ses coups de gueule ou d'autres cris – a tué par jalousie l'amant de sa Nelly, un homme vraisemblablement lié à une bande minable. Son chef veule, Lucien (Brasseur), espère le venger. De son côté, Jean (Gabin) débarque et reçoit l'aide d'un nostalgique du Panama (Le Vigan), lequel lui procure des vêtements civils sans trop poser de questions. «Panama» jette à l'eau l'uniforme de son protégé et lui ouvre les portes de son refuge, en quelque sorte, pour marginaux. Jean y rencontre Nelly, les deux se plaisent... Or la police retrouve l'uniforme de Jean. Pire: de l'eau, elle retire aussi le corps que Zabel y avait jeté! Bien sûr, Jean est désigné comme coupable. Nelly sait bien qu'il ne l'est pas. Les deux sont très amoureux. Qui ne connaît l'inoubliable réplique du film:

– T'as de beaux yeux, tu sais...

– Embrassez-moi!

Jean supprimera finalement Zabel – on l'approuverait presque tant le personnage est odieux sous son masque respectable – avant d'être, lui-même, abattu par Lucien.

Durant le tournage, Jean Gabin s'éprend réellement de Michèle Morgan. C'est un coureur doté d'un physique plus avanta-

Avec Pierre Brasseur dans Le Quai des brumes. *Pour adapter, avec Prévert, ce scénario de Pierre Mac Orlan, Marcel Carné doit déjouer les pièges de la censure.*

Dans le même film, avec Jean Gabin qui dira à Michèle Morgan: «T'as de beaux yeux, tu sais!». Elle répondra: «Embrassez-moi!» mais en coulisses, c'est en vain que Gabin la courtise.

Michèle Morgan. Durant les pauses du tournage, le méchant Zabel devient le gentil Simon: au grand dam de Gabin, les deux s'entendent bien...

geux que celui de Simon, lequel rage dans son coin. Lui aussi aime bien la jeune Morgan. Elle a de la classe. Elle est sensible. Ils s'entendent bien. Michel toutefois est moche. Il en souffre bien davantage qu'il ne le dit. Y aurait-il quelque interrelation entre ce fait et l'obsédante avidité sexuelle de l'acteur? Jacques Prévert, qui n'est pas psychiatre, perçoit fort bien cette détresse. Il va l'utiliser aussi finement que durement, canalisant tout le malaise personnel de Simon dans le personnage de Zabel à qui il fait dire:

– C'est horrible d'être amoureux comme Roméo quand on a la tête de Barbe-Bleue!

Souvent, parlant de cette tête étrange et léonine dont l'a doté une nature farceuse, Simon lancera, hors contexte, cette boutade autodéfensive elle-aussi tirée du film:

– Mieux vaut avoir une tête comme ça que pas de tête du tout!

Si, plus tard, Edith Piaf et Michel Simon s'entendront très bien, c'est parce que, notera la biographe officielle de Piaf, l'un et l'autre se trouvaient une drôle de tête... L'une faite femme, et l'autre, modèle masculin.[49]

Peaufinant sur le plateau le scénario du *Quai,* Jacques Prévert torture Simon qui devient grandiose. Chaque réplique s'en prenant au physique de Zabel perce le cœur de l'acteur. Distribuées, à l'écran, par son rival du moment à la ville, elles lui sont carrément insoutenables. Et Zabel se décompose lorsque Jean lui assène:

– Quand tu parles, on dirait que tu pataugés dans la vase avec des espadrilles!

Gabin dresse un véritable barrage devant Michèle Morgan. Simon enrage et couvre Morgan d'attentions que Gabin voit d'un mauvais œil. Elle ne s'y trompe pas, et refuse l'idylle que Gabin lui propose. C'est qu'elle a pu juger l'un et l'autre avec précision: Gabin, homme marié, recherche l'aventure... Tandis que Simon, homme d'aventures, cherche surtout à préserver la jeune femme qu'il pressent si romantique. Elle lui en saura gré sa vie durant et lui rendra hommage dans ses Mémoires, lorqu'elle rappellera ce tournage créateur du «mythe Morgan»: «Aucun des hommes qui m'entourent n'ont grâce à ses yeux (Gabin). Il est évident que pour lui, ce sont tous des amants en puissance! Même mon

Belle étoile *vu par Jean Effel.*

amitié avec Michel Simon lui porte ombrage!

– Je me demande bien ce que tu peux lui trouver…? Ce que je trouve à Michel? Je lui dis que sa philosophie, d'une sagesse un peu désenchantée, me touchait; que dès notre première rencontre, j'avais senti quelle solitude cachait sa misanthropie, et quelle humanité se dissimulait dans cet homme qui disait préférer les bêtes aux humains. Fallait-il lui dire: je l'aime bien parce qu'il me comprend et qu'il prend garde à moi? Lui, dont le langage est des plus verts, dont les amours, qu'il ne cache pas, vont aux prostituées, prend un soin extrême à protéger mes candeurs. Ce cynique avait le cœur le plus pur que j'aie jamais approché».[50] C'est la victoire de la bête sensible sur le prince charmant.

Le Quai des brumes obtient un immense succès. Michel Simon y est unanimement loué pour son art des silences et la consistance noire de ses non-dits; pour son génie dans le double-jeu. Carné aussi reçoit l'hommage enthousiaste des critiques. Toutefois, «Drôle de drame», son autre film encore tout frais, ne sera véritablement redécouvert qu'en 1951. Depuis lors, on ne cesse des les projeter, jusqu'à Boston (USA) où il existe un musée Marcel Carné.

Face à Erich von Stroheim dans Les disparus de Saint-Agil, *de Christian-Jaques.*

En comte dévoyé, avec Françoise Rosay, en 1938 dans Le ruisseau *de Maurice Lehmann.*

En caricaturant Michel Simon en Belle étoile, *Effel, d'un coup de crayon, lie les principales composantes du personnage comme de l'homme: révolté, malmené, proche de la nature et solitaire.*

Premiers bruits de bottes

Le monde s'emballe. En Allemagne, les nazis graissent les rouages de leur formidable machine de guerre. Jusqu'où ira-t-elle? Quand bien même il s'était brièvement engagé auprès de la gauche, allant jusqu'à aider financièrement le parti socialiste genevois de Léon Nicole, quelques années plus tôt, Michel Simon n'a aucun sens politique. Il ne possède que celui de la justice, doublé d'une morale saint-thomasienne: d'abord voir, ensuite, croire. Tous les Germains sont-ils mauvais? L'un d'eux, un Autrichien déserteur en 1905, un Juif baigné dans l'antisémitisme viennois du début du siècle et converti au catholicisme, devient son ami. C'est un mythomane qui s'est inventé une filiation – paradoxalement, pour un déserteur – militaire autant que noble: il est, dit-il, «le fils d'un colonel de l'armée impériale et d'une dame d'honneur de la Cour». Ainsi se présente Erich von Stroheim! Son premier rôle d'officier prussien date de 1917 (dans un film américain de Wesley Ruggles, *For France*) et il a eu le temps de peaufiner son personnage, qu'il joue à la ville aussi. La réalité est moins prestigieuse… Ses parents s'appellent Stroheim, tout court, sans particule, et ce sont des commerçants. Qu'importe! Truqueur, rigide, sardonique, jouisseur… «Von» Stroheim assumera sa vie durant le personnage légendaire et ambigu qu'il a créé, jusqu'à devenir «l'homme que vous aimerez haïr».

En dandy dans Les nouveaux riches *de Jean Berthomieu.*

Haïr? Simon, lui, aime cet homme de passions qui recherche ouvertement l'argent et les honneurs, non sans accepter, aussi, de s'endetter ou de renoncer à ses droits lorsqu'il est saisi d'un coup de cœur. En 1937, Von Stroheim a tourné avec Renoir dans la *Grande illusion.* En 1938, il prépare aux côtés de Michel Simon *Les disparus de Saint-Agil* que va tourner Christian-Jaques. Une fois de plus, Jacques Prévert n'est pas loin. Mais c'est anonymement qu'il donne un coup de main à Pierre Véry, l'auteur, et à Christian-Jaques, pour l'adaptation du scénario. Encore un rôle de «mauvais bougre» pour Si-

Dans Belle étoile *de Jacques de Baroncelli: rêveur et bucolique.*

En 1938, Michel Simon tourne six films. L'industrie du cinéma va bientôt devoir freiner ses activités pour cause de guerre.

La «bouille» qui ravira les dessinateurs…

mon! Il l'apprécie mais en est presque gêné, ainsi qu'en témoigne une interview de l'époque: «Bien entendu, je joue une fois de plus un vilain coco. Cette fois, je me soûle et je frappe de la fausse monnaie jusqu'au jour où je mets fin à ma crapuleuse existence en plongeant dans un escalier, la tête en avant. Ah! J'ai parfois une bien vilaine âme! Enfin, j'espère me racheter dans l'un des sept films que je dois tourner avant juin».[51]

Sept films! D'abord, il tourne en quelques semaines *Les nouveaux riches,* de Berthomieu, où il apparaît cette fois en dandy moustachu. Ensuite, il devient carrément comte – mais un comte dévoyé, tout de même! – dans *Le Ruisseau* de Maurice Lehmann. Enfin il retrouve Arletty dans *La Chaleur du sein,* de Jean Boyer dont le père, Lucien, est l'auteur des chansons à succès du moment.

Les accords de Munich sont signés le 29 septembre 1938 par Hitler, Mussolini, Chamberlain et Dalladier. Qu'est-ce à dire? Est-ce la paix qu'ils garantissent? Plus que

Affiche visible à Paris en 1938.

sceptiques, les parents de Michel Simon, toujours installés à Noisy, choisissent prudemment de rentrer à Genève. Comme il n'est pas dans la nature de l'acteur de s'inquiéter de ce qu'il n'a pas constaté par lui-même, il décide, encouragé par Arletty qui se veut optimiste (et non sans un certain sens aussi de la réaction), de faire... personnellement un saut dans l'antre du dragon! Est-ce naïf: il veut se rendre compte par lui-même de la situation. Et il prend la route de Berlin.

Au fond, Berlin lui convient. Les choses de la politique l'ennuient, il n'y comprend rien; il est totalement aveugle. Durant quelque temps, il fréquente assidûment la brasserie Hofbrauhaus. Il fait aussi, bien sûr, le tour des «maisons» où après tout, on ne baise pas autrement qu'à Paris. Dans l'une, il déniche même un travesti blond qui parle le dialecte schwyzerdütsch! Simon avec un homme? Ce n'est pas la première fois qu'il s'essaie aux Messieurs du troisième sexe. A Genève déjà, adolescent, il s'était lié à un jeune homme qui finira précocement ses jours, misérable et prostitué; un garçon qu'il aimait bien et que sa «blonde» rappelle un peu. Rentrant à Paris, Simon l'emmène dans ses bagages et, tout content de jouer un bon tour à Marcel Achard, la présente à l'auteur, notoirement amateur de femmes. Mais de vraies dames! Riant sous cape, Simon laisse faire... Jusqu'à apprendre la déconfiture d'Achard. A sa manière toute personnelle, l'acteur vient de rendre la monnaie de sa pièce à Marcel Achard qui lui avait forcé la main (sur l'air suivant: «Ne me lâche pas... Souviens-toi de nos débuts, quand nous étions dans la mouise...») pour le pousser à accepter le tournage de l'insipide *Noix de coco*. Difficile de faire plus vache, comme revanche.

SIMON DURANT LA GUERRE

LA TENTATION HOLLYWOODIENNE

Fin 1938, Simon s'évapore quelque temps dans la nature. Sans doute est-il en Suisse pour passer Noël en solitaire, comme à son habitude. En 1939, il revoit Georges Pitoëff, dont la santé est mauvaise et que Michel ne veut pas laisser tomber. Cent fois, le Géorgien a cessé de fumer! Cent fois, il a recommencé. Et il vient de subir un infarctus. Les deux tentent alors, sinon de se comprendre, du moins de définir comment la folle amitié des débuts a pu s'effilocher avec le temps. C'est bien simple: Pitoëff n'a pas changé. Il a choisi la fidélité absolue à certains principes, à son «futurisme», à son «cubisme», à son «snobisme» – les critiques hésitent encore – tandis que Simon, avide de succès personnels et peu soucieux de la grandeur théâtrale en tant que telle, s'est mué, d'après Pitoëff, en «vraie pute». Au mépris désenchanté du locuteur, Simon répond par une moue satisfaite; s'il est une pute, c'en est des meilleures. Cela n'a rien de déshonorant car le métier n'est pas facile. Et les deux hommes se quittent, heureux de s'être connus, sans plus. Simon ne reverra pas Pitoëff, lequel mourra le 16 septembre, la main dans celle de Ludmilla. Jean Bard, un comédien genevois ami de Jouvet, et surtout intime de Pitoëff dont il fermera les yeux, rapporte l'ultime et pathétique réplique du grand acteur: «Je vais mourir dans un quart d'heure.»[52]

Cette année-là, Simon tourne avec Jouvet et Madeleine Ozeray, *La fin du jour* de Julien Duvivier, qui deviendra un classique. Il y est un vieil acteur, doublure d'un comédien plus renommé qu'il n'aura guère à remplacer, à son grand dépit, car l'homme jouit d'une santé de fer. Soit dit en passant, encore un double rôle... Tout est dit sur l'art de Simon dans l'Eventail: le magazine belge salue, une fois pour toutes, un acteur qu'il juge «farceur, hâbleur, cocasse, coléreux, révolutionnaire, haineux, attendrissant... Se mouvant dans le comique comme dans le tragique avec une assurance, une autorité, un relief qui n'a pas son pareil dans tout le cinéma européen». Pierre Chenal lui offre par ailleurs d'être Mick Marino dans *Le dernier tournant,* adapté d'un livre de James Cain, *Le Facteur sonne toujours deux fois* (également adapté au cinéma par Luchino Visconti en 1942: *Ossessione/Les amants diaboliques* puis, en 1946, par Tay Garnett dans *The Postman allways rings twice»* cette dernière version est certainement la plus connue). Enfin, il rejoint Raimu dans *Eusèbe député,* d'André Berthomieu, sur une idée de Tristan Bernard. Ensuite de quoi, il retrouve Fernandel pour tourner *Fric-Frac* sous la direction de Maurice Lehmann et de son assistant, Claude Autant-Lara.

Michel Simon est très désappointé. Fernandel le bat au «box-office», en tête du-

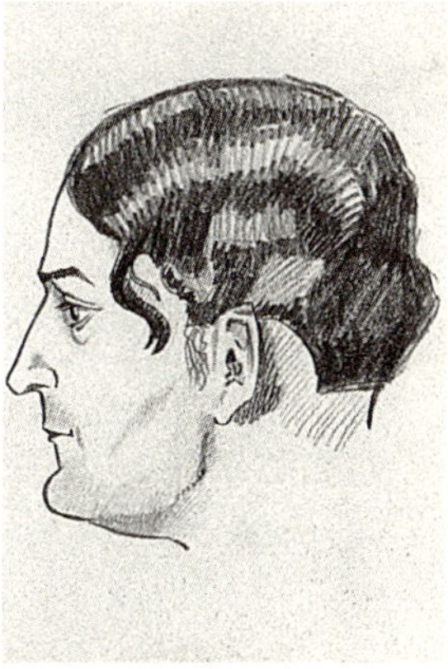

Jean Bard, l'intime de Georges Pitoëff qui rapportera ses dernières paroles.

Page 90: Dans Derrière la façade, *d'Yves Mirande et Georges Lacombe, en 1939.*

Jean Renoir songeait depuis 1925 à tourner La Tosca. *En 1940, il donne le premier coup de manivelle dans une ambiance survoltée, à Rome. Des fascistes le rossent. Simon s'énerve. L'Allemagne commence d'envahir l'Europe… Ce film que Renoir n'achèvera pas restera maudit.*

Michel Simon ne souhaitait pas tourner ce film. Mais Renoir connaissait ses points faibles: il l'a publiquement flatté au point que l'acteur a fini par céder, fier comme un paon.

Pendant le tournage de Fric-Frac, *Simon se heurte à Fernandel (ici avec Arletty) et lui assène un coup qui les brouillera définitivement.*

Deux rôles pour Simon dans La Fin du jour: *un acteur et son double. Pour ce dernier, l'excellente santé du premier devient pesante.*

quel on trouve Jean Gabin. Un jour que tous deux sont au champ de courses, Michel Simon, profitant d'une pause, exhibe le journal publiant ce classement, fait un esclandre et... démolit le chapeau de Fernandel d'un bon coup de papier imprimé! L'esclandre – d'abord feint – a dégénéré. L'acteur Simon a pris le pas sur l'homme, et l'acteur ne peut qu'aller au bout de son geste. Fernandel lui en tiendra toujours rancune. Jamais plus il ne voudra le voir sur un plateau de cinéma.

Il est temps pour Simon de voyager un peu. L'«affaire» a fait le tour des productions cinématographiques. Mieux vaut pour lui prendre le large. Yves Mirande lui en donne l'occasion en lui offrant un rôle dans *Paris-New-York,* film dont l'avantage premier, au yeux de Simon, est de lui permettre de traverser confortablement l'Atlantique à bord du Normandie, à l'époque le plus beau navire du monde. Et en bonne compagnie: Jules Berry, Gaby Morlay, Noël Roquevert sont du voyage. Simon jouit sereinement de ce repos momentané. Il a décidé de prendre du bon temps. De songer à son avenir, aussi. Il faut dire que quelque temps plus tôt, un producteur français lui avait fait miroiter Hollywood... Aussi, à peine débarqué, Simon se rend-il dans les studios new-yorkais de la MGM, où il est poliment reçu, certes, mais prestement éconduit. Quelle désillusion! Simon en veut à la terre entière. Comme toujours en pareil cas, il cherche – en plus des dames – des animaux pour le consoler, et les trouve notamment à Central Park, où il passe de longues heures à nourrir les écureuils. Et puis, il écoute du jazz. Il flâne dans les rues. Il apprend aussi qu'en Europe, tout se déglingue, mais il y retourne quand même, juste au moment où la guerre éclate.

Comme beaucoup de comédiens, il part alors en tournée en Suisse, en France libre et en Belgique, laquelle n'est pas encore occupée. Ensuite de quoi, Marcel L'Herbier lui offre de tourner à Rome *La Comédie du bonheur,* adaptée d'Evreïnov par Jean Coctcau. Toujours insensible à la chose politique, lui ne voit, des attraits de ce projets, que la ville éternelle et ses beautés. Mais pas le piège: pour l'heure, Rome est surtout mussolinienne.

L'ENGRENAGE ITALIEN

Jean Renoir, pourtant communiste engagé, est à Rome aussi. Il y cherche des appuis pour réaliser – enfin – *La Tosca* à laquelle il songe depuis 1925. Simon est dans les murs? Parfait! Renoir l'appelle. Les deux se rencontrent. L'acteur n'est pas enthousiaste. En dépit (ou à cause de?) sa déconvenue américaine, il envisage de retourner aux Etats-Unis faire de nouvelles offres et, par la même occasion, mettre des distances entre la guerre et lui. Jean Renoir n'aime pas davantage la guerre mais, pénétré de culture italienne, il souhaite, lui, rester à Rome. Et aussi avoir Simon pour interprète! Pour le décider, il se livre à un petit jeu assez machiavélique. Multipliant les interviews, il y flatte systématiquement Simon en faisant savoir combien il pense à lui pour «La Tosca». Simon va-t-il se dégonfler? Bien sûr que non! Il fond, et rejoint Renoir pour ce tournage qui commence, piazza Farnese, le 6 mai 1940.

Quatre jours plus tard, les Allemands envahissent la Belgique et les Pays-Bas. La nouvelle est terrible et la perplexité gagne le plateau. Rossano Brazzi remplace Georges Flamant, mobilisé. La politique s'insinuant partout, les conditions du tournage deviennent détestables. L'Italie devient franchement francophobe. Renoir est même rossé par une bande fasciste. Choqué, surtout inquiet, il demande à rentrer brièvement en France pour, dit-il, «embrasser son fils» qui part au combat. Résultat: on gèle le tournage tandis que, dans l'attente du retour de Renoir, son assistant – Luchino Visconti! – prend la direction du campement. Or Renoir ne reviendra pas. Il choisit de s'installer en Amérique, et c'est Karl Koch qui finira ce film auquel, pourtant, Renoir tenait depuis plus de dix ans! Il n'en aura finalement tourné que cinq plans.

Cette «fuite» scandalise Michel Simon, qui rage tout en cherchant de nouveaux débouchés. Pour les Etats-Unis, c'est un peu tard. Pas question non plus de rentrer en France; d'autant que le 14 juin, Paris, que l'on savait menacée, tombe aux mains des Allemands. Président du Conseil, Paul Reynaud passe la main au maréchal Pétain dont le nouveau gouvernement s'installe à Vichy. Où en sont les artistes, pendant ce temps? Mireille, précisément, est à Vichy auprès du porte-bagage intellectuel du vieux Maréchal, son mari Emmanuel Berl. Madeleine Ozeray aussi se rend à Vichy. De même Charles Vanel. D'autres, au contraire, partent au front. Il en est aussi qui, non-mobilisés, signent de beaux contrats avec Continental-Films, une nouvelle compagnie «française» dirigée par Alfred Greven et dotée de capitaux alle-

Dans Noix de coco, *de Jean Boyer, avec Marie Bell et Raimu.*

Simon chez Charles-Ferdinand Ramuz, l'écrivain suisse auteur de Derborence *(que Francis Reusser adaptera plus tard au cinéma) et d'autres classiques âpres.*

LE ROI S'AMUSE

mands, ce que personne n'ignore: elle est directement placée sous le contrôle de la Propaganda Abteilungreferat Film in Frankreich. Néanmoins, Michèle Morgan et Raimu comme Jean Gabin (avant son départ aux Etats-Unis) acceptent, maladroitement, des engagements à la Continental. Laquelle va produire, durant l'Occupation, trente films «français», de *Premier rendez-vous* d'Henri Decoin (1941) aux *Caves du Majestic* de Richard Pottier (1944). Louis Jouvet, lui, qui ne veut pas «tremper dans toutes ces histoires», emmène toute sa troupe en tournée latino-américaine, où Madeleine Ozeray le plaquera. Preuve de probité? Oui et non. En vérité, il cherche également à se refaire une virginité. Lui aussi avait cautionné la Continental... Mais il fut le premier à en manifester concrètement le regret. Trop tard: sans la moindre ironie, la presse germanophile de Buenos Aires salue l'arrivée sur son sol de... «Louis Jouvet, ce représentant de la France éternelle de Pétain»! Il se trouve même un titre pour s'étonner de la présence, au sein de sa troupe, «du Juif José Squinquel». Jouvet va-t-il réagir? Il ne réagit pas. La communauté française de Buenos Aires – son public, donc, qui est plutôt gaulliste – se met à grogner. Jouvet s'en offense et note dans son journal intime, le 17 août 1941: «Pourquoi s'imaginent-ils que la France est un pays perdu qui collabore avec les Allemands? La plupart des Français qui sont ici n'ont jamais été en France ou y sont allés il y a très longtemps. Ils ont dans l'idée que tous les Français ont passé avec armes et bagages à l'Allemagne... Leur raisonnement est d'une puérilité effroyable».[53]

Simon, de son côté, est coincé. Avec qui travailler? Impossible de rentrer à Paris. Pas seulement pour échapper à la Continental. Il s'agit aussi d'éviter d'attirer l'attention sur sa résidence de Noisy-le-Grand: c'est là, dans le zoo de Michel, et avec son accord, qu'Henri Langlois, a caché les archives de la Cinémathèque! Vanna, Coco, Catherine, Muhli, Minouche, Riquette, Roméo ou Zazou, respectivement chien, chats, singes et perroquet, veillent sur la mémoire du cinéma français.

Eloigné donc de sa résidence, l'acteur prend du bon temps pour réfléchir, flâne en photographiant les églises, se rend en Suisse, retourne à Rome et signe avec une compagnie italienne, Scarella Films. Pour le pire: il tourne *La Dame de l'ouest,* de Karl Koch, et *Le Roi s'amuse* de Marc Bonnard, des films sans intérêt. Simon est long à réaliser que ce faisant, il se laisse proprement récupérer, manipuler. Il est, pour Scarella, l'alibi français. Notez qu'il sera aussi récupéré par la Résistance française. Car Michel Simon n'est pas un mauvais bougre; tout au plus fait-il preuve de naïveté. Il ne distingue pas davantage les fils de la collaboration que ceux de la Résistance.

Claude Dauphin, lui, est un authentique résistant. Et lorsqu'il propose bientôt à Simon de jouer *Jean de la lune* à Cannes, l'acteur accepte de bon cœur cette offre qui est loin d'être innocente. Michel Simon quitte Rome inconscient de la réputation que commence de lui faire sa collaboration avec Scarella... Réputation que Dauphin, lui, connaît parfaitement. Il est décidé à s'en servir et le fait très habilement. En effet, quoi de plus rassurant, pour la censure

Un film italien: Le Roi s'amuse *de Marc Bonnard.*

Page 96: Simon est inconscient du fait que ce tournage non seulement n'apporte rien à sa filmographie mais fait inscrire, de surcroît, son nom sur des listes noires.

L'affiche originale du film de Maurice Lehmann.

L'occupant marque sa présence jusque sur les affiches des spectacles.

nazie, qu'un Michel Simon dûment estampillé parmi les artistes «de confiance»? La reprise par Simon de son rôle de «Clo-Clo» a du succès. Avec les Cannois, de nombreux Allemands n'hésitent pas à se rendre au théâtre pour voir Simon donnant la réplique à Jean Mercanton, Madeleine Robinson et Danielle Delorme. Tour à tour, les membres des état-majors nazis en France occupent les meilleures loges. Pendant ce temps, en sous-sols, sous leurs fauteuils, la Résistance s'active: Claude Dauphin a fait du théâtre le principal dépôt d'armes des Partisans en ville! Comme l'affaire finit par être éventée, Dauphin rejoint le maquis. Simon, lui, quitte la troupe décapitée et fait ses comptes: la dolce vita italienne lui a coûté cher, très cher. Une fois de plus, il a des dettes. Les huissiers menacent sa résidence de Noisy-le-Grand, d'où Langlois retire préventivement les trésors cachés de la Cinémathèque. Simon doit rentrer à Paris. Ce qu'il fait.

LE PIEGE PARISIEN

A Paris, Continental-Films apprend la déveine de Michel Simon qui s'en épanche trop bruyamment au «One-Two-Two». Ce que Simon ne sait pas, c'est que durant son absence, le fameux bordel de luxe est devenu l'annexe du Tout-Wehrmacht, le Stammtisch aussi de la Gestapo. On y croise aussi la crème de la Collaboration, les voyous de la rue Lauriston, et même le directeur de «Paris-Soir», Eugène Gerber. La Continental le relance et insiste pour le faire travailler chez elle: avantage majeur, elle paie cash… «La mort dans l'âme», dira-t-il, mais pour sauver Noisy-le-Grand, Simon accepte d'abord *Au Bonheur des dames* que va réaliser, d'après Zola, André Cayatte. Dans ce film, il est un petit commerçant honnête, placé face à l'écrasant M. Mouret (Albert Préjean), un concurrent fort dénué de scrupules. La censure n'a vraisemblablement pas mesuré la force symbolique de cette confrontation… Ensuite, il est *Vautrin,* héros de Balzac, le forçat évadé qui devient chef de la Sûreté, dans un film de Pierre Billon. Celui-ci terminé, Simon se retire des plateaux, dont il se tiendra éloigné jusqu'à la Libération. Il enrage d'avoir dû signer avec une compagnie sous contrôle allemand, d'autant qu'il commence de faire l'objet d'infâmes attaques que «justifie» son visage aux traits bien éloignés de l'idéal aryen…

On peut noter ce paradoxe: tandis que des compagnies à capitaux nazis font travailler Michel Simon, la propagande vichyste le désigne simultanément comme Juif! Et manière abjecte: son portrait figure (avec ceux de Marcel Dalio et de Jean-Pierre Aumont) dans la tristement célèbre exposition «Le Juif et la France». A Genève, «Le Pilori» de Georges Oltramare, le chef fasciste local du moment, le dénonce aussi comme Juif.

Le fait est que Simon n'est pas juif. C'est gênant pour la propagande. Qu'à cela ne tienne: il est ensuite dénoncé, dans un pamphlet, comme communiste. Sait-on jamais? Et s'il ne l'est pas davantage, au moins demeure-t-il coupable d'arborer, en tous cas, une «ignoble, dégoûtante, écœurante figure anthropométrique».[54] Un officier le malmène dans un bus. Un régisseur aussi, à qui il casse la figure avant de débourser cent mille francs de dommages-intérêts (il écope, en prime, de huit jours d'arrêts avec sursis). La Gestapo s'en mêle et perquisitionne six fois (!) le domicile de Simon. Un officier et son ordonnance occupent même temporairement les lieux. Mais «alles ist in Ordnung», tout est en règle. Tellement en règle que cela devrait cacher quelque chose… N'est-ce pas? L'étau se resserre. La police allemande convoque Michel Simon pour un interrogatoire auquel il échappera par chance – et

Les capitaux du film sont allemands: Simon paiera cher sa participation, pourtant innocente, à ce film.

L'une des rares photos familiales: Michel entouré de ses parents et de son fils, le futur François Simon, au fond.

par relation. C'est Eugène Gerber qui lui sauve la mise: apprenant au One-Two-Two que Simon est dans le collimateur de la Gestapo, il s'empresse de passer un coup de fil à ses amis allemands, qui décident de laisser Simon en paix.

Le directeur de «Paris-Soir» connaît l'acteur depuis longtemps. C'est même le deuxième service qu'il lui rend. En effet, à la demande de Simon, il avait déjà «arrangé les bidons» d'un journaliste gaulliste appelé au Travail obligatoire en Allemagne. Or comme rien ne se perd, ces services ne seront pas gratuits. Pis: ils deviennent bientôt l'arme d'un petit chantage. Puisque Simon a «une dette morale» à son endroit, charge à lui d'accepter, à présent, de jouer *Le Portier du paradis* au théâtre Pigalle; «une pièce que j'ai écrite pour vous!», ajoute Gerber. L'acteur est coincé. Encore quelques verres et l'affaire est dans le sac. Simon signe. Se livre-t-il aussi à quelque espionnage de complaisance? Fin 1992, un ex-colonel du KGB profitera de l'effondrement de l'Union Soviétique pour révéler un secret d'archive: Michel Simon, sans doute à la demande de Rabinovitch, aurait dissimulé des micros dans les bordels de luxe qu'il fréquentait – comme les occupants. Aucune preuve n'a été apportée à ces allégations, au demeurant très vraisemblables.

Le débarquement de Normandie retient bientôt toute la France devant la TSF. Le public déserte les théâtres. Beaucoup doivent débaucher. Simon s'enferme à Noisy, où il reçoit des menaces de mort. Et il y pleure, solitaire, son père qui vient de mourir.

Le 16 octobre 1944, un Comité de libération du cinéma français chargé de «relancer le métier» se donne pour mission préalable de «l'épurer». C'est René Blanchard qui le préside. Les têtes ne tardent pas à tomber… Tino Rossi, Arletty, Mary Marquet, Yvonne Printemps, Pierre Fresnay, Sacha Guitry et Albert Préjean sont envoyés, séance tenante, au camp de Drancy. Celui-là même d'où les nazis déportaient les Juifs de France! Georges-Henri Clouzot est frappé d'une interdiction de travail. Noël Roquevert aussi. Naturellement Michel Simon est aussi convoqué par le Comité de libération du cinéma français, seul habilité à déterminer qui doit subir l'opprobre de la profession, et de quelle manière. Interrogatoire:

– M. Simon, vous avez joué *La Tosca* en Italie fasciste pour le compte de la Scarella!

– Oui, mais c'est M. Renoir qui m'avait engagé.

– A Paris, vous avez aussi joué une pièce d'Eugène Gerber, un pro nazi…

– Oui, mais c'est parce qu'il avait sauvé un de mes amis, un gaulliste, que le STO réclamait.

– A Cannes, pourquoi avez-vous interrompu les représentations de *Jean de la lune*… N'aviez-vous pas reçu 150.000 francs?

– J'ai touché cet argent. Ensuite, si je suis parti, c'est parce que M. Dauphin lui-même s'en était allé. Savez-vous où? Au maquis. D'ailleurs, à ces trois griefs, permettez-moi d'en ajouter un quatrième. J'ai aussi tourné pour la Continental!

– Ah, ça… Bien sûr…

Voulant provoquer l'inquisiteur, Simon n'obtient qu'un geste vague. Les circonstances lui sont favorables. En effet, qui donc, à Paris, n'a pas tourné pour la Continental? Au dilemme de «l'inquisiteur» répond bientôt un jugement clair: certes naïf mais reconnu inoffensif, colérique mais certifié généreux, Michel Simon est libéré de toute accusation.[55]

Blanchi mais néanmoins furieux, il s'isole à Noisy-le-Grand et s'y laisse pousser barbe et cheveux. Il n'en bougera pas jusqu'en début 1945, vivant en compagnie, exclusivement, de ses animaux chéris. Et comme Boudu, c'est de sardines qu'il se nourrit: il vient d'en acheter trois cents boîtes familiales![56]

Pages 102/103: Dans Vautrin, *le héros de Balzac mis en scène par Pierre Billon.*

Portrait anonyme, façon Harcourt.

La patte de Dero, pour croquer Simon qui entre dans sa phase «barbes».

L'ombre chinoise, en vogue à Paris dans les années quarante.

LES BEAUTÉS DU DIABLE

LA FIN DES MAISONS CLOSES

Désormais, Simon portera la barbe. Un peu comme s'il lui fallait une nouvelle peau. Reprenant le travail, il tournera neuf films consécutifs les joues mangées par une toison qui ne sera pas sans accentuer son côté «mauvais garçon mais misanthrope lucide», si prisé des réalisateurs. Premier d'entre eux, Raymond Bernard lui fait tourner *Un ami viendra ce soir.* C'est l'une des premières adaptations à l'écran d'une histoire de la Résistance: Michel Simon y campe l'un des pensionnaires d'un asile que fréquente, discrètement, un groupe maquisard. Il est fou mais clairvoyant. Arthur Honegger signe la musique de ce film où l'on entend aussi le *Chant des partisans,* de Kessel et Druon. Puis Simon joue M. Hire dans *Panique,* un film de Julien Duvivier adapté, par Charles Spaak, d'un célèbre roman de Georges Simenon: *Les Fiançailles de M. Hire* (roman qui sera aussi adapté, sous ce nom, au cinéma en 1989 par Patrice Leconte, avec Michel Blanc).

Une fois de plus, Michel Simon joue Simon, Michel: un marginal incompris, de surcroît victime de son physique et que seule une prostituée parvient à aimer vraiment. Ce faisant, elle (Viviane Romance) l'entraîne vers la mort.

Une mort de cinéma est une mort pour beurre. Mais il en est une autre qui l'anéantit bientôt, et dont le «Journal officiel», lui apporte la triste confirmation: celle des maisons de tolérance. Il peste contre ce qu'il croit être l'effet d'une morale malfaisante. Il rage contre Marthe Richard, responsable à ses yeux d'un très grand malheur. En fait, les bordels meurent surtout de s'être rendus coupables de complaisance à l'endroit de l'Occupant; mais qu'importe, pour Simon… Le résultat est le même. Il reçoit durement la nouvelle et se sent, subitement, comme dépouillé de toute vie affective. Triste, dépité, il recueille à Noisy le couple propriétaire du One-Two-Two, Fabienne et Marcel Jamet, que la police a pressé de quitter leur hôtel particulier. Les deux souffleront un peu à Noisy avant d'attaquer, bien au large de Paris, une nouvelle vie plus discrète. Simon, qui veut les laisser en paix, en profite pour se rendre dans la campagne genevoise, à Plan-les-Ouates. Il vient d'y acheter une maison qu'il destine à sa mère, et y passe deux ou trois semaines. De retour à Noisy, il découvre dans sa grotte ce précieux cadeau des Jamet: quelques décors du luxueux – mais défunt – roi des bordels! Sa collection s'étoffe.

Henri Jeanson ne s'en prend plus à Simon et vient de signer les dialogues de *La Taverne du Poisson-couronné.* Sous la direction de René Chanas, l'acteur y campe à nouveau un marin et fait face à Jules Berry, dont c'est le retour à l'écran. Simon se plaint d'avoir à «post-synchroniser» les

Arthur Honegger a composé pour le cinéma, et notamment pour Un ami viendra ce soir.

Page 104: Dans Panique *de Julien Duvivier, adaptation par Charles Spaak d'une intrigue de Simenon.*

Dans Non coupable, *d'Henri Decoin, ou l'art de faire bien le mal.*

Epaté par sa capacité de maquiller un crime, le bon docteur en conçoit d'autres...

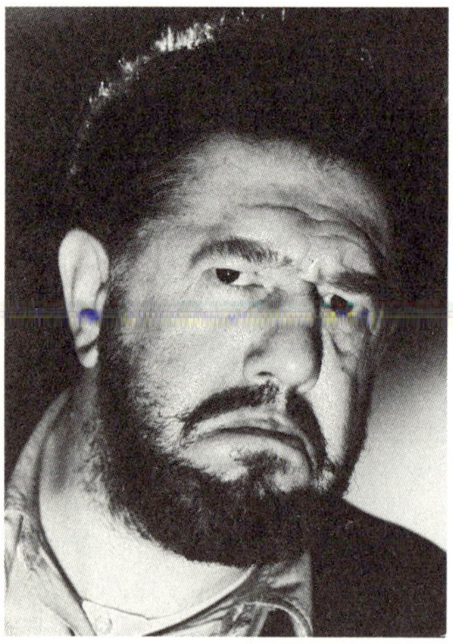

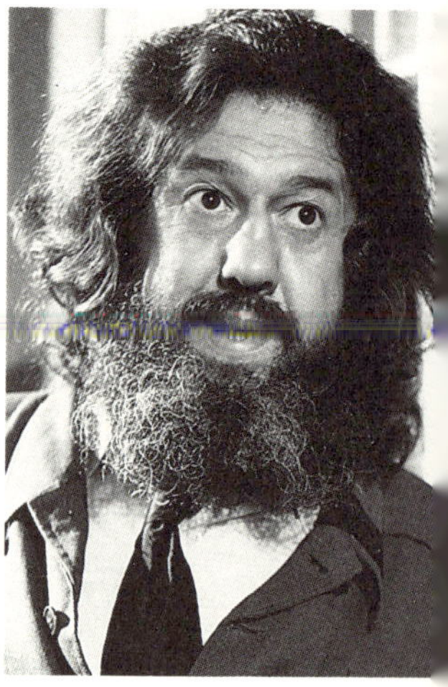

L'esprit de Trauner, le maître, plâne sur ces décors de studio. (ci-dessous)

Dans Panique, *le nom que Duvivier donnera, en 1946, à l'adaptation des* Fiançailles de M. Hire. *(à droite)*

Dans Un ami viendra ce soir, *de Raymond Bernard (1946), l'un des premiers films consacrés à la résistance, dont Honegger signe la bande musicale. (à droite)*

Page 107, en haut: Dans La Taverne du Poisson-couronné, *film que Simon, Berry et Bussières doivent post-synchroniser. Le procédé est nouveau.*

Page 107, en bas: Fou mais lucide, marginal mais clairvoyant... Dans Un ami viendra ce soir.

scènes dramatiques qu'il juge ainsi dépourvues de leur ambiance réelle, donc de leur authenticité. Il est partisan de la prise de son directe; du type de celle qu'il avait soigneusement étudiée du temps de *Jean de la lune.*

Henri Decoin s'inspire ensuite d'un fait divers. Dans *Les Amants du pont St-Jean,* il fait de Simon un homme condamné à une lourde peine de prison pour avoir fabriqué des allumettes au détriment de l'Etat, lequel en détient le monopole assez lucratif. Pour une fois, Simon endosse le rôle d'un personnage vivant. Il part donc à sa recherche et le retrouve à La Roche-Defflun. Lui rendant régulièrement visite, Simon, se mettant dans sa peau, devient bientôt le clone de cet anarchiste inoffensif. Gaby Morlay lui donne la réplique avec d'autant plus de plaisir et de malice que les deux s'amusent à se tendre des pièges oratoires et à multiplier les improvisations. Avec ce film, Decoin subit un échec. Il ne se laisse pas abattre pour autant et tourne, immédiatement après *Non coupable,* qui donne à Simon le rôle d'un médecin médiocre mais doté d'un pouvoir très particulier pour faire le mal. Pouvoir que tout le monde ignorera: à cause du chat, sa confession posthume échouera dans la cheminée!

Juste retour de manivelle, ce film-là fait un triomphe. En docteur Ancellin, Simon prend sa revanche et le festival de Locarno lui décerne le prix de la meilleure interprétation masculine de l'année. Les critiques saluent en lui «le seul successeur possible de Jules Raimu», dont Simon avait assisté aux récentes obsèques. Se livrant pour sa part à une petite réflexion sur le jeu des comédiens en général et de Simon en particulier, Jean Cocteau note: «Plus un acteur est admirable, et plus il semble improviser, moins il semble fournir d'efforts. On dirait qu'il joue en se jouant. L'exemple de M. Michel Simon s'impose: n'est-il pas le comédien rêvé? Celui qui peut tout jouer et se surpasser toujours? Ne croirait-on pas qu'il entre dans ses rôles comme au café, les mains dans les poches? Cette aisance apparente, c'est de la grande maîtrise (car) le naturel est une bonne farce. Les acteurs naturels qui nous émeuvent ne passeraient pas la rampe si leur naturel n'était pas grossi à la loupe et s'ils n'obtenaient pas, peu à peu, une sorte de naturel qui les hausse jusqu'à la majesté du type».[57]

Les journalistes veulent tous rencontrer Michel Simon, qui les accueille volontiers et les roule souvent dans la farine. Cependant, un nouveau fait divers vient estomper, dans les journaux, son prix d'interprétation tout frais: la mort de Lucien Codoël, interprète, comme lui, de *La Carcasse et le Tord-Cou* (René Chanas). Sale histoire... Du train qui le ramenait à toute allure vers Paris, le jeune acteur est tombé par une portière qu'il croyait être celle des WC. La presse, évoquant – ou créant – de possibles rapports de Codoël avec le Milieu, soulève l'hypothèse d'un meurtre. Face aux journalistes, Michel Simon se montre aussi roué que sûr de ses effets: faussement peiné, le minois très réaliste, il se répand en éloges sur «cet admirable compagnon de tournage»; un de ces jeunes premiers dont on sait pourtant qu'il les a toujours... puissamment détestés.

Pour retrouver Michèle Morgan, Michel Simon accepte un rôle en costume dans Fabiola.

L'affiche originale du film d'Alessandro Blasetti, sorti en 1948: Michèle Morgan estompe Simon.

DE L'INFLUENCE AMÉRICAINE... ET DE DIEU

Nous sommes début 1948. Simone Signoret distribue – déjà – des tracts dans la rue. Claude Autant-Lara, Marcel Carné et Albert Préjean sont à ses côtés pour dénoncer l'invasion des écrans français par des films américains, au nombre desquels on peut citer deux titres à «connotation française»: *13, rue Madeleine,* d'Henri Hathaway et *Monsieur Verdoux,* de Charlie Chaplin.

Le 5 janvier, Michel Simon est des dix mille «employés du cinéma» qui défilent de Madeleine à République – l'itinéraire de toutes les manifestations populaires – pour exprimer leur colère. Simon proteste contre l'invasion des films américains mais rêve toujours de gloire étrangère. La mode vient aux péplums: malin comme ses singes, Simon met en place le plus subtil des plans. Une sorte de compromis admirable qui lui permettra, à la fois, de satisfaire à la mode, de quitter momentanément la France sans trop se compromettre (solidaire des comédiens et des auteurs, il ne veut pas pour autant se brouiller avec les distributeurs) et de retrouver Michèle Morgan, laquelle, devenue star aux Etats-Unis, revient d'Angleterre à grands coups de trompe. Elle se rend à Rome, Michel Simon aussi.

Avec lui, Henri Vidal, Michèle Morgan et Gino Cervi – qui sera plus tard l'impayable maire communiste opposé à Don Camillo, le curé (Fernandel) de son village – vont tourner, en costumes, *Fabiola* d'Alessandro Blasetti. Simon se fourvoie. Certes, l'expérience de Cinecitta lui semble intéressante mais le film est sans avenir. Si d'aventure on en diffuse encore quelque copie usée, on peut y voir Simon en robuste païen défenseur des premiers chrétiens. Il meurt assassiné: à ce titre,

Freddy Buache remarque très justement qu'en six films consécutifs, Michel Simon, toujours barbu, est six fois victime ou vecteur de la mort (trois suicides et trois assassinats).

A nouveau baigné d'indolence, Michel Simon profite de maisons moins closes à Rome qu'à Paris, assiste d'un œil bienveillant aux amours de Vidal et Morgan, et se rend aussi régulièrement... au Vatican, place St-Pierre. C'est qu'il s'est plu à défendre (au cinéma) les chrétiens opprimés! A présent, le pape le fascine. Il racontera d'ailleurs comment Pie XII, l'apercevant un jour au premier rang de la Basilique, ponctuera la messe de petits signes directement adressés à lui, le mécréant notoire! L'histoire est évidemment contestable. A plus forte raison lorsqu'on se rappelle que, dans l'attente du Concile, le pape tourne encore le dos aux fidèles lorsqu'il dit la messe. Mais le fait est que Pie XII accorde bientôt une audience à Michel Simon; rencontre au cours de laquelle il invite l'acteur à déballer ses meilleures histoires genevoises... pour mériter «vraiment» la bénédiction papale! Lyne Anska rapporte cette joyeuse description de la scène préalable: «Michel s'était fait beau. Il était tout en blanc. Bien sûr, il ne savait pas qu'au Vatican, cela ne se fait pas. Le blanc, c'est l'apanage du pape... De mon côté, j'avais les bras nus, ce qui n'était pas plus malin. Nous en étions à tenter de régler ces problèmes protocolaires lorsque, bien informé, le pape a fait son entrée en se précipitant sur Michel: «Ah! Michel... A-t-il dit. N'écoute pas ces corbeaux et raconte-moi de bonnes histoires!»

Michel Simon se moquait bien de l'Eglise mais en vénérait le Pape. Pour sa part, dans son coin, il tançait Dieu: «Si j'étais Toi, je n'aurais jamais édifié un système de ce genre! Qu'ai-je donc à voir avec une religion qui bénit les canons et immole les agneaux?» Simon adressait régulièrement d'autres sorties aussi bien tournées à l'adresse du Ciel. Il ne doutait cependant pas d'y avoir une place bien réservée... A témoin, cette anecdote: «Un jour, Michel a voulu s'en assurer en demandant à Dieu de lui faire un signe. Un oiseau est entré dans la pièce. Michel n'en revenait pas! Alors, il a demandé à Dieu de lui refaire un signe, et un autre oiseau est entré. Il en a été tout déstabilisé».[58] Sans doute Michel est-il ainsi: à la manière de certains personnages d'Isaac B. Singer, ou comme les trois patriarches d'Elie Wiesel, il craint Dieu mais ne cesse de l'engueuler.

C'est alors qu'il devient: Faust.

Simon dans son élément: l'entourage de Fabiola, *qu'il quitte durant les pauses de tournage pour aller voir... le Pape.*

Michèle Morgan. Depuis leurs échanges du Quai des brumes, *elle est devenue star internationale.*

DE LUCIFER ET DE LA MORT D'UNE MERE

Egalement à Rome où il a trouvé un producteur, René Clair peaufine avec Armand Salacrou son projet d'un grand drame métaphysique adapté de la légende, fameuse, de Faust. Légèrement grisonnant, René Clair préfère depuis quelques temps la fiction romanesque aux transfigurations de la réalité. Il a peu tourné depuis la guerre, juste *Dix petits Indiens* (*And Then They Were None,* 1945) et *Le Silence est d'or,* daté de 1947. Son prestige n'en est pas moins immense. Il décide d'engager, pour *La Beauté du diable,* un jeune acteur en lequel se reconnaît toute une génération, plutôt romantique: Gérard Philipe, 28 ans. Les producteurs voient déjà en lui le digne successeur de Jean-Pierre Aumont ou de Claude Dauphin. Il appelle ensuite Michel Simon et, sur les noms du trio diabolique, capitaux anglais, français et italiens affluent.

Le Dr Faust est l'une de ces éminences scientifiques dont la vie entière s'est consumée en insatiables recherches du savoir. Méphisto lui apparaît et lui offre d'échanger sa vieillesse contre une nouvelle jeunesse – au prix de son âme. C'est le pacte diabolique: Faust accepte – «sans engagement» – de retrouver ses vingt ans... Et prend les traits d'un étudiant, Henri. La disparition visible de Faust venant à se prolonger, on soupçonne bientôt Henri du meurtre de son professeur. Méphisto survient à temps pour éviter la méprise, lui-même caché sous les traits d'un toujours vieux mais bien vivant... Faust. Ainsi, le faux Faust prend – avec d'autres manières! – la place du vrai à l'université. Le vrai Faust, pendant ce temps, obtient gloire, richesse et savoir sous les traits d'Henri. C'est alors que, par chantage, Méphisto le pousse à signer la vente définitive de son âme. Une suite désastreuse de catastrophes s'ensuit jusqu'à la mort de Faust, qui tombe dans une foule prête au lynchage et s'évapore en fumerolle.

Sur le tournage, Simon et Philipe se fréquentent sans enthousiasme. Gérard Philipe n'est pas un être particulièrement liant.

René Clair. Sa vision du drame de Faust demeure un classique du cinéma.

Gérard Philippe. Partenaire de Simon dans La Beauté du diable, *il a 28 ans et des manières qui ne conviennent pas au Genevois.*

Pour gagner la jeunesse, le Dr Faust vendra son âme à Méphisto et s'en mordra les doigts.

De son côté, Michel Simon jouit d'une telle réputation de pourfendeur de jeunes premiers que le futur «Fanfan-la-Tulipe» hésite un peu à s'y frotter. Sans doute fait-il bien. Un sourcil levé par curiosité, un autre froncé par bravade, Simon le méprise silencieusement. Il s'exprimera plus tard. «Gérard Philipe, un acteur? Laissez-moi rire. J'avais l'impression de jouer devant un mur. Il ne se préoccupait que d'une chose: trouver son meilleur profil!» Simon n'aime pas davantage le style personnel de

En plein existentialisme triomphant, René Clair rappelle l'esprit de Méliès.

René Clair, réalisateur dont il admire pourtant l'œuvre, et le lui fait clairement savoir: «Tous les jours, Monsieur René Clair de l'Académie française prenait son thé, avec Madame, le petit doigt en l'air. Et moi, systématiquement, je m'amenais pour dire une grossièreté. Il me déteste!».[59]

L'échange des rôles. La confrontation du style des acteurs est proprement fascinante, pour le cinéphile.

René Clair est un homme intelligent. Il éloigne toute tentation d'esclandre et ne relève aucune provocation. Il comprend que Simon a l'esprit ailleurs: à Genève, en l'occurence, où sa mère se meurt. Compatissant, il aménage quelques pauses supplémentaires qui permettent à l'acteur de se rendre régulièrement à Plan-les-Ouates. Lorsqu'il regagne le tournage, la douleur qui lui ronge la mœlle s'insinue jusque dans son jeu. Plus tard, en revoyant le

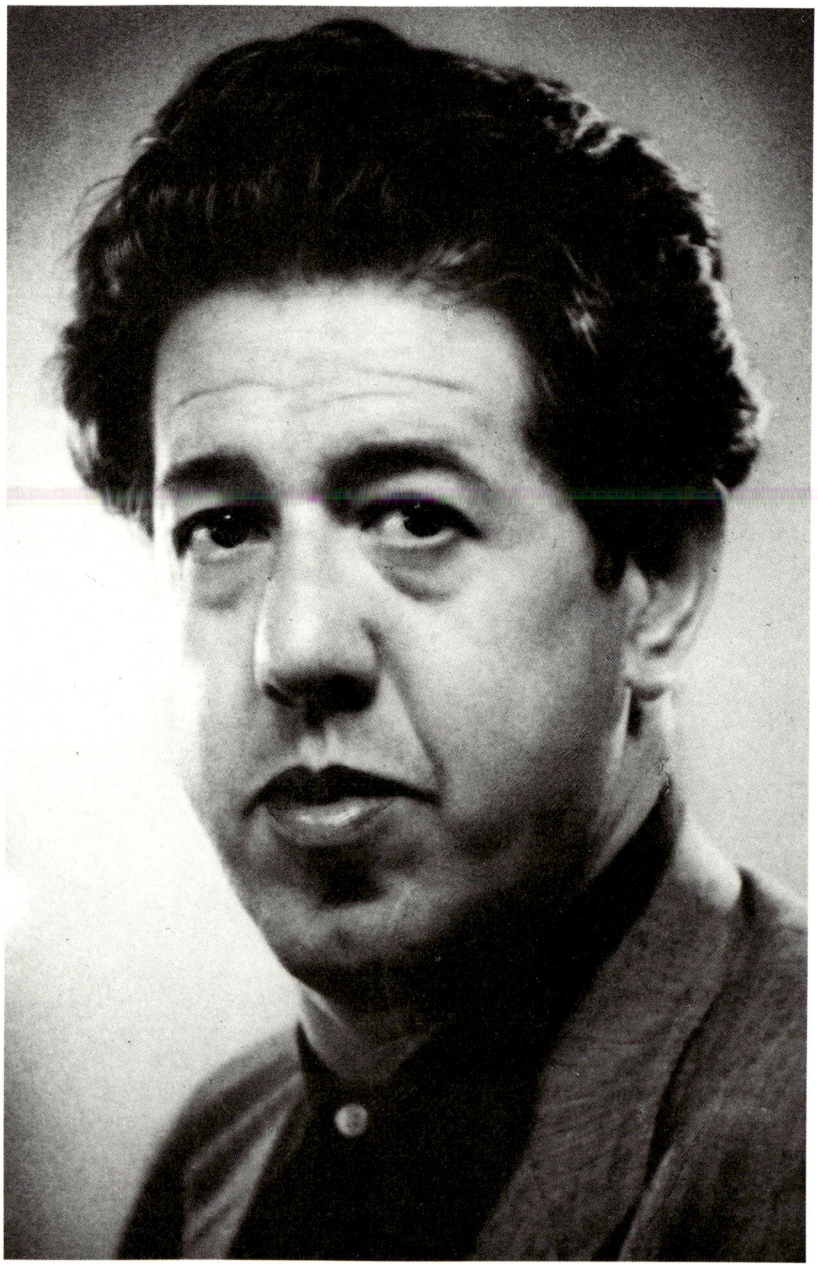

Georges Oltramare, dramaturge et tribun fasciste. Véronique Simon meurt à une date symbolique: le 9 novembre 1950, dix-huit ans après les affrontements sanglants qui avaient endeuillé Genève, durant une réunion politique.

Michel Simon, probablement en 1949.

film, il pourra se remémorer toutes les étapes de l'agonie de sa mère, chacune éternellement inscrite, à ses yeux, en filigrane dans *La Beauté du diable.*

Vincent Auriol, Président de la République, honore de sa présence la première du vingt-quatrième film de René Clair. Le public chic réuni à l'Opéra entrecoupe régulièrement la projection d'applaudissements bien nourris, saluant ainsi, en particulier, l'incantation à Satan qu'y fait Michel Simon. Lui-même commentera: «J'avais mêlé à mon interprétation des réminiscences de pasteur genevois. J'avais vu juste!»[60]

Tandis que les journaux l'encensent, il s'envole à nouveau pour Genève afin de revoir une dernière fois sa mère. Plongée dans le coma, Véronique Simon s'éteint le 9 novembre; un jour déjà naturellement sombre, à Genève, pour les humanistes anarchisants de la trempe de Simon – et pour le peuple de gauche en général. Le 9 novembre rappelle les tragiques événements au cours desquels, en 1932, des soldats inexpérimentés et mal commandés avaient tiré sur la foule hostile à une réunion fasciste. (Cette même date figure aussi l'anniversaire de la Nuit de cristal et, plus tard, de la chute du Mur de Berlin!) Les événements genevois de 1932 avaient choqué Michel, qui les avait appris à Paris. L'orateur à chemise noire s'appelait Georges Oltramare. Simon ne parviendra jamais à oublier ce nom. C'est ce même Oltramare, dramaturge égaré dans un sale combat, qui, en 1941, avait désigné (dans son journal «Le Pilori») Michel Simon à la vindicte populaire pour «sa visible» – mais inexistante – ascendance juive.

Véronique Simon s'éteint donc le 9 novembre 1950 tandis que Michel broie ses souvenirs. Et de rage, il se rase le visage.

Sa maman n'aimait pas le voir barbu.

SEGOGNE

Sacha Guitry. Dans La Poison, *en 1951, il prend pour modèle un avocat célèbre, Raymond Hubert.*

La Poison *ou comment se débarrasser d'une mégère alcoolique...*

Page 113:
Gaby Morlay. Dans Les Amants du pont de St-Jean, *elle joue à tendre des pièges oratoires à Simon.*

La grande déprime

Cette histoire de barbe semble travailler Michel Simon. Depuis 1942, il songe, précisément, au rôle de Barbe-Bleue qu'il voudrait bien incarner. Il a suivi plusieurs projets auxquels il avait apporté son concours, notamment une adaptation du conte proposée par Jean-Bernard Luc. C'est finalement, Christian-Jaque qui va réaliser ce film que Simon lui avait suggéré maintes fois, mais, cette fois, sur un scénario d'Henri Jeanson, et avec, dans le rôle de l'affreux, Pierre Brasseur. D'abord pressenti, Orson Welles reste sur le tapis. Michel Simon aussi. Il prend très mal cette «forfaiture»: déjà déboussolé par son deuil qui lui est insupportable, il se renfrogne et multiplie ses numéros privés «d'acteur impossible».

C'est alors qu'il retrouve Georges Simenon, personnage lui aussi difficile et, comme Simon, grand amateur de femmes qu'il consomme de préférence dans les hôtels où elles font métier de leurs amours. Les deux hommes s'étaient déjà croisés lors d'une réception donnée quelque temps plus tôt en l'honneur du romancier. Simon cherche à présent l'affection de Simenon. Les deux s'entendent bien – ils partagent leur vision sombre et lucide de la société – mais ne parviennent pas à maîtriser trois projets, qui avortent: d'abord le tournage du *Cheval Blanc,* ensuite celui de *Maigret au Picratt's,* et enfin un autre *Maigret, Le Bourgmestre de Furnes.* Simenon regrette autant ces échecs que Simon, qu'il dit avoir été «un peu son modèle» lors de la création du célèbre commissaire de la PJ.[61] Déjà fragile, de plus en plus triste, vexé même, nourrissant les germes d'une paranoïa peu propice à favoriser ses bonnes relations avec ses employeurs potentiels (seul Léonviola tient le coup, faisant de Simon un avocat dans *Les deux vérités*), Michel Simon se retire en Suisse, en Valais, près du Cervin, et profite de ces quelques mois de vacances pour faire renforcer le système de sécurité de ses résidences. Tandis que le monde entier lui semble hostile, la nature seule conserve son estime.

Sacha Guitry aussi s'est retiré. Il vient d'être opéré de l'estomac et se repose, en compagnie de Lana Marconi, à Deauville. Son ami Raymond Hubert, un maître du

Barreau réputé pour les acquittements qu'il obtient très sûrement, lui rend régulièrement visite. Le scénariste Henri Jadoux, aussi. C'est ainsi que les trois hommes mettent au point l'intrigue de *La Poison:* un homme simple, Paul Braconnier, veut se débarrasser d'une mégère alcoolique et détestable. Il écoute avec intérêt, à la radio, les propos d'un ténor de l'acquittement qui, involontairement, y délivre le mode d'emploi d'un crime parfait. Braconnier va voir le fameux avocat et l'informe du prochain homicide dont il a pris la décision. Entretien fructueux. Il sait à présent que «meurtrier» et «assassin» sont des termes différents et que si le premier efface le deuxième, lors des plaidoiries, l'acquittement peut être obtenu en faisant vibrer la corde sensible des jurés. Bien sûr, Raymond Hubert sert de modèle au tandem Guitry-Jadoux.[62] Comme cela se sait et qu'il tient à conserver sa réputation, il exige, dans le film, la relaxe finale de l'assassin. Une grâce accordée dans l'enthousiasme par Guitry et Jadoux dont c'était bien l'idée et qui – mieux! – imagineront qu'une fois blanchi, l'accusé rentrera en triomphateur dans son village.

A la sortie du film Les deux vérités, *Guitry se fait descendre par la critique qui, en revanche, loue unanimement Simon.*

Les affaires reprennent. Simon renoue avec le succès.

Il faut une «tronche» pour incarner le «gentil assassin». Guitry choisit Michel Simon, lequel, depuis un an, n'a guère tourné que des courts-métrages sans intérêt. Il déprime et ne se sent plus très sûr de lui. Heureux de cet engagement, il se raccroche au texte et l'apprend, pour une fois, à la virgule près. Mais les phrases ne sortent pas. Simon bute sur les mots, transpire exagérément, s'arrête parfois brutalement et lance alors des regards affolés à Sacha Guitry; lequel comprend son malaise et, patiemment, le fait reprendre trois, quatre, cinq, voire six fois ses répliques. On peut penser que Guitry sauve ainsi Simon de la dépression qui le guette à nouveau. Il lui redonne confiance en lui; elle qui lui fait tant défaut. Sans doute ce bienfait est-il d'ailleurs mutuel: en lui montrant qu'il l'aime comme auteur mais aussi comme homme, Simon, fait oublier à ce dernier ses propres déboires, nés de la Libération. Sacha Guitry sait que tout le monde l'attend au contour. Or, pour d'autres raisons, tout le monde guette aussi l'éventuelle résurrection de Michel Simon. Les deux

JEAN PIERRE AUMONT
DANS
LAC AUX DAMES
d'après le roman de VICKI BAUM - mise en scène de MARC ALLEGRET
dialogues de COLETTE - musique de GEORGES AURIC - décors de MEERSON
avec ROSINE DEREAN • SIMONE SIMON
ILA MEERY • SOKOLOFF ET MICHEL SIMON
TOBIS
PRODUCTION SOPRA
ENREGISTREMENT TOBIS KLANGFILM
FILMS SONORES TOBIS - PARIS
André GILLES . Paris

ROBERT AMON et CLAUDE JAEGER
PRÉSENTENT
PAR ORDRE ALPHABÉTIQUE
FRANÇOISE ARNOUL
CHARLES AZNAVOUR
JEAN-CLAUDE BRIALY
DANIELLE DARRIEUX
ALAIN DELON
FERNANDEL
MEL FERRER
MICHELINE PRESLE
MADELEINE ROBINSON
MICHEL SIMON
LINO VENTURA
GEORGES WILSON
DANS
UN FILM DE
JULIEN DUVIVIER
FERRACCI
LE DIABLE
et les 10 commandements
DIALOGUES DE
MICHEL AUDIARD
RENÉ BARJAVEL
HENRI JEANSON
AVEC
LOUIS DE FUNES
ET
LUCIEN BAROUX
AVEC
ARMONTEL GERMAINE KERJEAN
MAURICE BIRAUD CLAUDE NOLLIER
JEAN CARMET NOEL ROQUEVERT
GABRIELLO HENRI VILBERT
AVEC LA PARTICIPATION DE
CLAUDE DAUPHIN
UNE PRODUCTION : FILMSONOR - MONDEX - PROCINEX (PARIS) - INCEI - FILM (ROME)
DIRECTEUR DE LA PRODUCTION : RALPH BAUM
DIRECTEUR DE LA PHOTOGRAPHIE : ROGER FELLOUS

Brelan d'as. *Verneuil adapte Simenon et donne à Simon le rôle d'un commissaire qui n'est pas Maigret.*

Le témoignage d'un enfant. Le policier le prend en compte et a raison: il détient la clé.

Simon par Hans Bellmer, mine de plomb, 1951.

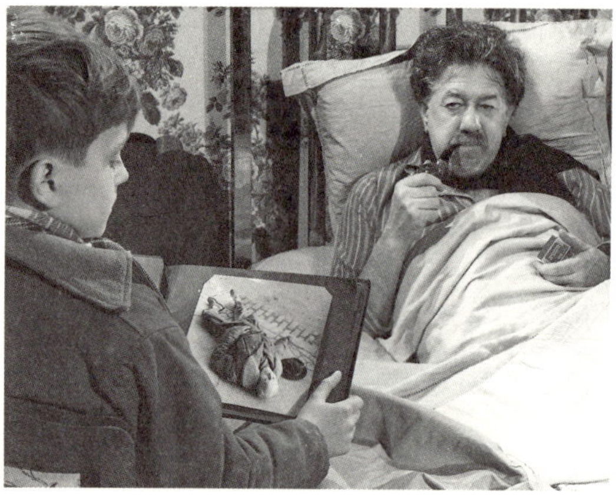

hommes vivent des affres semblables nées de causes différentes. L'un et l'autre ont chacun une raison impérative, le premier, de ne pas trop se montrer et le second, de se montrer absolument! Aussi Guitry ne joue-t-il qu'un prologue, d'ailleurs ajouté tardivement au découpage. C'est Michel qu'il met en vedette, un Michel Simon à qui il dédicace le film en enregistrant: «Vous êtes exceptionnel! Je dirais même unique… Car, entre le moment où vous cessez d'être vous-même et celui où vous jouez votre rôle, il est impossible de voir la soudure. Je vous situe parmi les grands comédiens: Frédérick Lemaître, Sarah Bernhardt, mon père, Zacconi et Chaliapine».

Ce film (où l'on voit un pianiste engagé pour la première fois au cinéma… Louis de Funès) reçoit un accueil mitigé. La critique, c'était à prévoir, y descend Guitry, qu'elle juge «pédant» et «médiocre». Mais elle relève que «Michel Simon vaut le dérangement». De fait, *La Poison* est un succès. Rasséréné, Michel Simon s'ébroue. Il n'a plus besoin de faire le paon devant les producteurs. Le facteur lui apporte chaque jour de nouvelles propositions, bien inégales, et que Simon, comme à son habitude, ne sait toujours pas jauger à leur juste valeur: l'essentiel, c'est que «les affaires reprennent».

Dans La Fille au fouet, *de Jean Dréville.*

Simon devient Monsieur Taxi, *chez André Hunebelle.*

CHARLIE CHAPLIN OU L'ESPOIR DÉÇU

Elles reprennent, certes. Simon se met à nouveau à tourner tous azimuts mais pas toujours dans les meilleurs films. Qu'importe! Il joue. C'est cela sa vie. Et surtout, il joue Maigret – enfin! et pour la seule fois de sa vie – dans un sketch du deuxième film d'Henri Verneuil, «Brelan d'as». Le réalisateur a choisi d'adapter trois nouvelles policières, l'une d'A.S. Steemann (auteur, par ailleurs, de *L'Assassin habite au 21*), l'autre de Peter Cheney et la troisième, *Le Témoignage d'un enfant de chœur,* de Simenon. Trame: l'incroyable récit d'un enfant (Christian Fourcade) parvient à convaincre un commissaire, bougon (Simon), qui réalise grâce à lui seul un beau coup de filet. Ensuite, Michel Simon interprète aussi un astronome dans *Femmes de Paris,* un aimable vaudeville de Jean Boyer, dans lequel un digne savant ira se commettre jusque dans les coulisses d'un cabaret, le «Ruban bleu» (!).

Jean Halain – le fils d'André Hunebelle *(Fantomas)* – réalise ensuite, sans éclat, *Monsieur Taxi.* Simon, en bon père de famille, y donne la réplique à Claire Olivier et obtient un nouveau Prix d'interprétation, à Vienne. Jean Dréville *(Copie conforme)* rate pour sa part *La fille au fouet,* où Simon retrouve Gaby Morlay et Pauline Carton. On compte aussi trois films en costumes: *Le Marchand de Venise* (Pierre Billon d'après Shakespeare), où il joue Shylok; *Le Chemin de Damas,* de Max

Pierre Billon adapte Shakespeare dans Le Marchand de Venise. *Simon joue Shylock.*

L'amour des bêtes, dans Monsieur Taxi.

UN FILM DE
SACHA GUITRY
Dont il a fait la mise en scène, bien entendu
la poison

Glass, où l'on voit Simon en Caïphe ennemi du Christ dont il obtient la condamnation, et «Le rideau rouge» (ou: *Ce soir on joue Macbeth*). C'est Jean Anouilh qui signe les dialogues de ce film d'André Barsacq, doté d'une belle distribution: Pierre Brasseur, Noël Roquevert et Michel Etcheverry partagent l'affiche de ce «théâtre au cinéma» où Michel Simon joue deux rôles; celui d'un épouvantable directeur de théâtre, acteur aussi, et celui de la doublure qui le remplacera après son assassinat.

Michel Simon, on l'a vu, adore les doubles rôles. Sacha Guitry, encore lui, lui en offre bientôt un autre. C'est un film à sa mesure, doté d'un titre délicieusement ironique – *La vie d'un honnête homme* – et surtout d'un rôle janusien semblant taillé pour lui. Simon I est Albert, un riche marchand aussi ennuyeux que prétentieux. Simon II incarne son frère Alain qui, de retour après trente-cinq ans du Canada, se présente à la limite de la clochardise pour lui réclamer quelques billets. Lorsqu'Albert meurt subitement, chez son frère, Alain se substitue à lui pour goûter aux délices de la vie bourgeoise. L'infâme «comédie de la respectabilité» qui se déroule sous ses yeux le dégoûte au point que, lorsque la supercherie est découverte, il se sent soulagé d'avoir à retourner dans l'inconsistance de sa vie antérieure. Le fondateur de la Cinémathèque suisse, qui deviendra l'ami de Simon, note justement que «ce double rôle résume à merveille le caractère bifide du personnage idéal que l'on obtient si l'on opère la synthèse de l'ensemble des personnages incarnés par Michel Simon».[63]

Charlie Chaplin est alors au faîte de sa gloire. Lorsqu'il vient à Paris présenter *Limelight,* Simon s'efforce de l'approcher mais n'y parvient pas. D'abord, il le cherche durant la projection mais ne le trouve pas: Chaplin, ému par un accueil extraordinaire, s'est éclipsé pour pleurer «dans un couloir, tout seul».[64] Ensuite, c'est une formidable bousculade que provoque la présence de l'ex-petit-homme-au-chapeau-melon, ressaisi, au cœur d'une nuée de fleurs et de petits fours. Comme un gosse, Simon aussi veut dire à Chaplin qu'il l'admire. D'autant qu'à son tour, Chaplin avait lui-même fait savoir (lors de la sortie de *La Chienne*) qu'il admire Simon: aussi l'Helvéto-français peut-il, un instant, rêver d'avoir à tourner un jour avec l'Anglo-américain! Mais il ne parvient pas jusqu'à lui. Manquant ainsi son entretien tant rêvé – faute de l'avoir préparé, car Chaplin n'est pas inaccessible – Simon appelle Jean Cocteau, dont il sait que «Le Figaro» l'a chargé d'un reportage sur son idôle. Hélas... Cocteau aussi rate son entretien! Comme il ne parle pas l'anglais, et que Chaplin ne sait pas le français, les deux vont mener durant près d'une semaine – ils voguent ensemble vers Hong-Kong – un jeu de cache-chache où la gêne du francophone se heurtera sans cesse à la prétention de l'anglophone. Tout ce que les deux parviennent à se dire, c'est qu'ils se considèrent mutuellement comme de grands poètes. Inutile de préciser que Cocteau n'a pas le loisir de lui suggérer, comme il l'avait prévu, de tourner avec quelque grand acteur de la France, comme par exemple l'exceptionnel Michel Simon... Et celui-ci, comme à chaque déception, de s'empêtrer dans une nouvelle série de films à consommer tout de suite, sans saveur, juste capables de caler l'estomac durant une ou deux saisons.

Dans Femmes de Paris, *de Jean Boyer.*

En Caïphe dans Le Chemin de Damas, *de Max Glass.*

Page 120: L'affiche du film de Guitry, sorti en 1951.

LA FIN DES JOURS

DE L'INFLUENCE DE LA TRISTESSE SUR LES ESCLANDRES

Cette propension compensatoire à tourner trop n'est pas le seul symptôme de la déception, chez Simon. Autre signe visible de ses chagrins, il devient odieux. A ce titre, il se surpasse lorsque, convié par la Cinémathèque française à une soirée de gala, il s'évanouit spectaculairement en évoquant le souvenir de Janie Marèze, avant de se mettre à sangloter bruyamment pour mieux parler de Jules Berry. C'est clair: il joue, il provoque. S'il est lui-même au cinéma, ce dont tout le monde lui sait gré, il n'en interprète pas moins ce rôle constant dans la vie semi-publique (pour ne pas dire privée car, précisément, elle ne l'est pas): celui de l'insortable casse-pied.

Sa bouille curieuse – son titre de gloire, tandis que la mythologie cinématographique privilégie les beaux individus de l'espèce humaine – bref, son physique ingrat et puissant, sert bientôt de sujet à une intrigue de René Barjavel que Geza Radvanyi va porter à l'écran: *L'étrange désir de M. Bard.* Auguste Bard, modeste chauffeur d'autocar, doit être laid. C'est le rejeton pitoyable d'une famille insignifiante autant qu'intrigante. Personne ne prêterait attention à lui si, semblant pris de folie, il ne jouait subitement au casino l'argent du petit capital obtenu, en place de rentes, parce qu'il souffre du cœur et doit cesser de travailler. Il gagne (bien sûr!) vingt-cinq millions! Et décide de les consacrer à l'éducation d'un futur enfant. La famille s'affole, cherche pour lui une femme à son image – laide – et échoue. Car il a son idée: trouver une belle femme qui compensera sa laideur afin d'éviter de la transmettre au futur héritier. Aucune ne se présentant, la famille, cupide, le déclare dingue. Entrée en scène d'un avocat (Louis de Funès), qui assiste de façon malsaine la parenté dans ses manœuvres visant à récupérer le pactole, et départ d'Auguste Bard

Avec Louis de Funès dans L'étrange désir de M. Bard.

Page 122: Souvent au pied des femmes, Michel Simon amadoue ici Geneviève Kervine dans Un certain M. Jo, *de René Jolivet.*

pour une île méditerranéenne. Il y emmène une danseuse qui donnera bientôt naissance au fruit de *L'étrange désir de M. Bard,* un bébé superbe et déjà riche. De plus en plus malade, Auguste Bard s'éteint alors, l'âme en paix.

L'ambiance est mauvaise durant le tournage. Michel Simon s'en prend souvent au réalisateur, coupable d'après lui de terroriser sa jeune partenaire Geneviève Page, une débutante qu'il prend sous son aile.

Puis il part à Rome. A la faveur d'une nouvelle soirée de gala, cette fois chez l'ambassadeur de France, il se déchaîne à nouveau, avant d'exiger de la France qu'elle rouvre les bordels. L'arme de son chantage est terrible: faute d'un accord immé-

Avec Geneviève Page dans L'étrange désir de M. Bard.

Fou des bêtes et de la nature, Michel Simon avec Zaza, sa guenon qui sera reine d'une véritable ménagerie.

diat, il se propose d'interpréter d'autres «petites chansons» semblables à celles, particulièrement grasses, qu'il vient d'infliger à l'assistance éberluée! L'ambassadeur ne sachant pas comment se sortir de ce mauvais pas, Michel Simon lui sauve la mise en prenant la porte de lui-même. Jean-Marc Loubier raconte en outre qu'en ville, tandis qu'un couple d'admirateurs le complimente, il empoigne les organes génitaux du monsieur pour commenter:

– Oh, le joli paquet![66]

C'est le signe d'une détresse croissante. Il a besoin d'air et plus encore, d'espace. Après un rôle de curé vite expédié dans *Quelques pas dans la vie,* film à sketches d'Alessandro Blasetti dans lequel il côtoie la future «vieille dame indigne», Sylvie, Michel Simon s'envole pour le Maroc. Rien de tel que le désert pour lui qui va tourner avec de «vrais» Américains, Cornel Wilde et Mel Ferrer. C'est Albert Lewin qui lui offre cette joie en faisant de Simon, dans *Saadia,* un chef sauvage de tribu ignorante auquel s'attaquent un caïd et un médecin tous deux désireux d'imposer «le progrès contre la sorcellerie». Victime d'une femme du pays qui partage leur vocation, le potentat rétrograde est tué.

De retour à Paris, Simon campe un général russe dans *Par ordre du tsar,* d'André Haguet et (version allemande) Pierre Berneis. Jacques François joue Franz Liszt,

Avec le comédien Yves Deniaud lors de la sortie de L'étrange désir de M. Bard, *en 1953.*

dont l'épouse du général est amoureuse. Le mariage de la «générale», bien qu'annulé par le Vatican, ne le sera pas par le Tsar. Elle doit donc renoncer au musicien. Ce film sans intérêt achève de détruire le moral de Simon, qui renvoie sa nouvelle agente, Paulette Dorisse, et déclare... renoncer provisoirement au cinéma!

Il se calfeutre à Noisy, change le système d'alarme qui a visiblement fait défaut – on l'a cambriolé – et, repris d'une crise paranoïaque, demande, à toutes fins utiles, un permis de port d'arme. Puis il part à Zurich suivre une cure d'amaigrissement tandis que les électriciens de la sécurité œuvrent à Noisy. Trois semaines durant, il se soumet à la mode des «Muesli» du Dr Bircher, ces mélanges réparateurs de fruits, de céréales et de yaourt. Et s'il écourte, brusquement, son séjour qui devrait durer encore deux semaines, c'est uniquement parce que son amie Colette vient de mourir; Colette à qui l'archevêque de Paris, Mgr Feltin, refuse une sépulture chrétienne. (En revanche, elle aura droit à un catafalque tricolore dressé dans les jardins du Palais-Royal). Outré, Michel Simon clame dans «France-Soir»: «Les curés sont autant de champignons vénéneux sur la religion!» Mais il y a des exceptions... Cette même année 1954, tandis que l'abbé Pierre se débat pour venir en aide aux sans-abris victimes d'un terrible hiver – lançant son appel célèbre et pathétique à la radio pour provoquer la solidarité nationale – Michel Simon compte parmi les premiers à lui faire parvenir un chèque. Indirectement, ce religieux-là, parce qu'il aide concrètement des malheureux plutôt que de dispenser quelque morale ou grande sentence, réconcilie Simon avec l'univers de la soutane. Il est plaisant de relever que près de trente ans plus tard, et pour les mêmes raisons, un autre saltimbanque mécréant et iconoclaste fera publiquement alliance avec ce même abbé Pierre, fondateur de la Compagnie d'Emmaüs: Coluche, en effet, comptera au nombre des bienfaiteurs de ses œuvres.

Histoires de barbes

Cependant, le théâtre le démange. Il n'a pas joué sur les planches depuis la reprise de *Fric-Frac,* quatre ans plus tôt. Comme il a signé un contrat avec André Hunebelle pour interpréter *L'impossible M. Pipelet* – le rôle d'un concierge d'immeuble bourgeois dans un mélodrame à fin heureuse – il expédie ce tournage avant de retrouver, avec davantage de plaisir, Jacques Deval. Les deux concoctent un nouveau rôle au théâtre, pour Simon: celui d'un mari trompé, héros de *Charmante soirée.* Sur la scène des «Variétés», il joue quatre-vingt fois ce rôle de Paul Marlotte

Avec sa petite-fille Maya en 1956. Tableau dynastique: fille de François, comédien, Maya Simon deviendra cinéaste et sa propre fille, Maria Golovine, comédienne...

pour lequel, à nouveau, il se laisse pousser la barbe. Il la coupera pour renouer (quand même!) avec le cinéma, mais pas le meilleur: dans *Mémoires d'un flic,* de Pierre Foucaud, Simon devient un policier obligé, malgré lui, de tirer après avoir provoqué une cascade de règlements de comptes. L'époque est riche de ces films, un peu faciles, de gendarmes améliorés et de gangsters sans scrupules. Ensuite, toujours «du bon côté de la loi», carrément bonasse et même sensible au confort de ses pensionnaires, il devient le surveillant-chef de la prison de Couville, un établisse-

Dans L'impossible M. Pipelet, *tourné sous la direction de André Hunebelle en 1955, Simon est entouré par Gaby Morley, Etchika Choureau, Louis de Funès.*

Dans Les trois font la paire, *1957, il donne la réplique à Sophie Desmarets.*

ment du Calvados. André Hunebelle réalise cette *Joyeuse prison* avec Jean Berthomieu, que Simon retrouve, comme directeur de tournage, dix-sept ans après *Eusèbe député*.

Dans cette prison, chacun mène ses petites affaires sous l'œil complaisant du trop gentil surveillant-chef, Benoît, jusqu'au jour où un vrai dur, Vauclin, s'évade pour de bon. Benoît est alors accusé de complicité mais obtient son acquittement, grâce au bagout de son avocat, Me Larigot (Darry Cowl), au terme d'un procès mouvementé.

Robert Dalban campe Vautrin. Quelques années plus tôt, Simon avait remarqué Dalban pour la compétition qu'il menait avec Gabin; lorsqu'à leurs débuts communs, l'un et l'autre partageaient quelques tics qui les plaçaient chacun dans le même registre. Gabin écrasera bientôt Dalban en devenant «la» gueule du cinéma policier français – jusqu'à l'apparition de Lino Ventura, qu'il contribuera à mettre en selle. Dès lors, avec l'un ou avec l'autre comme avec tous les autres, Dalban ne jouera plus que des seconds rôles. «Rien que pour cela, Simon m'avait à la bonne. Une «victime» de Gabin devait forcément être, à ses yeux, un personnage sympathique! Et nous avons beaucoup ri de ce gardien-chef qu'il (Simon) interprétait et que nous aurions bien voulu voir, en vrai, dans toutes les prisons de France...»[67] Simon emmènera Dalban dans ses bagages pour le tournage de son prochain film. Dalban jouera finalement si souvent (mais parfois: trois répliques!) qu'il en viendra même à rivaliser avec Charles Vanel, prétendant, comme lui, au titre de recordman français des tournages de cinéma. Pour se garder longtemps en vie, Dalban fera du yoga et s'abstiendra de voir des médecins. Néanmoins, Vanel, quoique sourd et très «médicalisé» durant ses dernières années, le coiffera au poteau en vivant jusqu'à 97 ans... Dont 76 de présence cinématographique!

En 1956, Sacha Guitry rappelle Michel Simon, qu'il estime énormément, et dont l'affection lui est indispensable. Etre aimé d'un misanthrope notoire... Quelle plus belle preuve pourrait-il obtenir de sa propre valeur? Il est malade et convainc Simon de se muer en commissaire de police (encore) dans *Les trois font la paire,* une histoire de jumeaux et de sosie qui compliquent la découverte d'un meurtrier. Guitry sent que ce sera son dernier film. Trop affaibli pour diriger le tournage, il visionne les «rushes» depuis son lit et laisse à Clément Dufour le soin de faire appliquer sur place ses instructions. «Il se délectait, il se réjouissait lui-même d'assister au jeu de Simon. Et comme il connaissait bien Michel Simon, ce fut un film fait rapidement, comme presque tout ce qu'on faisait avec Guitry, dans le repos et dans le calme».[68]

Ce flic qu'il fait de Simon porte la barbe. Rappeler ce détail n'est pas anecdotique car il préfigure un drame qui plongera bientôt l'acteur dans le désarroi profond, et la vieillesse.

Pourquoi cette barbe? Parce qu'à nouveau, Guitry veut forcer Simon à se démultiplier, à faire éclater un talent trop souvent délaissé. Simon, surtout barbu, le fascine. Guitry s'en ouvre ainsi à Lana Marconi, toujours présente à ses côtés:[69] «Pour un comédien, laisser pousser sa barbe, cela équivaut à un renoncement physique très significatif. Aucun acteur fameux n'a pu poursuivre sa carrière avec de la barbe au menton. Cela tient à ce qu'une barbe est sans expression. Si vous êtes un acteur de premier plan, n'espérez pas pouvoir tout jouer avec la même barbe: vous auriez l'air de jouer le même personnage dans des comédies différentes. Admirable en tout, l'exceptionnel Michel Simon vient confirmer la règle» (Infirmer ce principe).

Fort de cette profession d'amour, Sacha Guitry réunit ses dernières forces afin de tourner un de ces prologues qu'il affectionne tant, et qui feront durant plusieurs décennies encore le bonheur des imitateurs, puis il meurt.

Très affecté, Simon part en tournée avec *Fric-Frac.* De fort méchante humeur, il se bagarre avec Elvire Popesco, «la diva» qui finit par lui coller... Un procès en diffamation! Le tribunal le condamne à verser 500 millions de francs. Bien sûr, Antoine Pinay n'a pas encore opéré sa révolution monétaire, laquelle fera bientôt lire autrement tous les chiffres. N'empêche: c'est une somme énorme. Michel Simon ne peut pas payer. Et quand bien même il le pourrait, jamais il ne s'y résoudrait au risque de «faire le bonheur d'une empoisonneuse». Prêt à tenir un siège, il fait appel; et le siège durera trois ans. Simon connaît la loi et sait s'en servir. Multipliant les finasseries juridiques, il finit par obtenir, à la fois, l'annulation du jugement et... l'épuisement d'Elvire Popesco qui, finalement vaincue, renoncera en 1960 à poursuivre le combat. Simultanément, un autre procès viendra estomper cette amusante escarmouche. Il sera bien plus retentissant et naîtra d'une histoire de barbe, précisément, autant que de cosmétique.

Dans Charmante soirée *au Théâtre des Variétés, avec Marthe Mercadier et Jean Marsan.*

Elvire Popesco. A l'issue d'un interminable bras-de-fer, c'est elle qui jette le gant!

A Noisy-le-Grand à la fin des années cinquante, des plantes mais pas de mimosa...

François Simon et Marcel Robert dans Charles mort ou vif, *d'Alain Tanner.*

François Simon dans l'un de ses plus grands rôles, Rousseau dans Les Chemins de l'exil, *de Claude Goretta.*

Aux côtés de Raymond Bussières dans Un certain Monsieur Jo.

LA TEINTURE MALÉFIQUE

En 1957, à Genève, François Simon joue «Hamlet» et se prépare à créer en compagnie de quelques amis – Philippe Mentha, Georges Wod, François Rochaix... – le Théâtre de Carouge, qu'il animera durant onze ans avant de passer au TNP de Patrice Chéreau. Il sera plus tard (dès *Charles mort ou vif,* d'Alain Tanner, en 1969) l'un des piliers du florissant cinéma suisse pour lequel il interprètera, notamment (sous la direction de Claude Goretta, en 1978), un prodigieux Jean-Jacques Rousseau.[70] A Paris, son père, Michel Simon, fête ses 62 ans. Son appendice pileux grisonne sérieusement et René Jolivet lui propose de le conserver pour interpréter le rôle d'un gangster retiré des affaires. L'intrigue: Jo Guardini exploite paisiblement une guinguette sur une petite île de la Marne. Il bénéficie d'une libération conditionnelle et se tient coi. Au retour d'un court voyage, il découvre avec stupeur le contenu de sa cave: une jeune fille enlevée par d'anciens complices qui ont jugé utile de la cacher là. Il s'attache à la jeune fille, qui l'appelle «Oncle Jo». Furieux contre les ravisseurs, il subit de leur part d'aimables pressions qui le retiennent de les dénoncer... mais pas de les tuer. Il s'y emploie méthodiquement avant de mourir, à son tour, d'une blessure que l'un d'eux lui a infligée.

Sur demande de l'équipe qui dit vouloir

soigner l'image de l'acteur en masquant sa barbe poivre et sel, Simon, rendu par Raymond Bussières d'une humeur joyeuse, accepte de se faire teindre le poil. Ce n'est pas la première fois; tandis qu'il jouait *Charmante soirée* au théâtre, il passait déjà deux fois par semaine voir son coiffeur, rue St-Honoré, pour se faire bleuter légèrement le crin. Le figaro, Michel Grémillon, lui appliquait alors du Régé-Color. Par souci d'importance, ou parce qu'il avait repéré quelque anomalie, on ne le saura jamais, le coiffeur avait précisé:

– N'employez jamais rien d'autre!

C'est pourtant bien un autre produit qu'il lui remet lorsque, le 29 juin, Michel Simon lui rend visite en compagnie du maquilleur du film, Louis Dor. Les deux hommes du métier conviennent que l'«Imedia Inoffensif» de L'Oréal fera l'affaire: la notice précise bien que cette teinture châtain clair peut être appliquée sans souci d'ordre allergique, d'où son nom. A 11h 30, Simon prend place sur le fauteuil du coiffeur. A 20 heures, sa peau est noire comme du suif. Le lendemain, il souffre le martyre. Trois jours plus tard, sa mémoire semble effacée comme une bande magnétique que l'on aurait passée sous un aimant.

Il existe, au Palais de justice de Paris, un rapport de trente-trois pages contenant les dépositions d'une affaire «L'Oréal contre Simon» (et non l'inverse, car ce n'est pas Michel Simon qui a attaqué la compagnie: c'est elle qui l'accusera pour diffamation publique), ainsi que diverses expertises médicales. C'est à Jean-Marc Loubier qu'on doit de l'avoir retrouvé. Michel Simon y raconte son épreuve au greffier qui transcrit: «J'ai tourné tout l'après-midi au studio Saint-Maurice par une journée particulièrement chaude. En rentrant chez moi, à Noisy-le-Grand, j'ai constaté que la peau était devenue noire comme de l'encre de Chine sur le côté droit de la zone d'application. J'ai essayé, mais en vain, de faire disparaître cette coloration par lavages à l'eau savonneuse et à l'eau de Cologne. Le lendemain matin, dimanche 30 juin 1957, j'ai constaté que la coloration avait fait place à une teinte grise. J'ai reçu à déjeuner le docteur Vernier, de Versailles, et sa femme. Ils m'ont quitté vers 17 heures. Peu après leur départ, vers 18 heures, j'ai été saisi de vomissements tellement violents que je n'ai pu gagner à temps la salle de bains; j'ai constaté la présence de sang dans ces vomissements. J'ai été pris de violents vertiges, ayant la sensation que la pièce tournait, autour de moi, à vive allure. Je me suis mis au lit et j'ai demandé à mon médecin habituel, le docteur Lefèvre, de venir. Ce dernier était en vacances, c'est son remplaçant, le Dr Vernier, qui est venu et qui a dit: «C'est un

En 1957, à l'époque du procès L'Oréal contre Simon. Le regard las et la barbe en bataille.

coup de soleil». J'ai alors demandé à mon ami, le docteur Lefèvre, de venir. Il a diagnostiqué: vertiges de Ménières. Un autre médecin est venu le lendemain. J'ai gardé le lit pendant huit jours; les vertiges ont duré quarante-huit heures. J'ai ressenti des douleurs atroces au niveau de l'œil droit, de la mâchoire, de l'oreille interne et du bulbe rachidien. (...) J'ai pu continuer de tourner mon film mais j'ai constaté l'abolition de ma mémoire. J'étais obligé de réapprendre tous les jours mon rôle». C'est ainsi au prix de dures souffrances qu'il va au bout de son tournage. S'il se résout à ne pas abandonner le poste, c'est uniquement par respect de ses amis engagés, autour de son nom, dans une production collective.

Le dernier plan est «mis en boîte» le 7 août. Dès le lendemain, Michel Simon va engager son énergie et son argent à tenter de retrouver l'usage de la mémoire. Durant près d'un an, il écumera les cliniques et les cabinets médicaux les plus prestigieux, sans grand succès. Il se sent plonger dans la vieillesse, incapable de faire fonctionner convenablement sa tête qui est aussi un outil de travail. La mémoire vient, la mémoire part, c'est par vagues... Les producteurs l'oublient. A l'exception d'un qui lui signe un contrat pour *Douze heures d'horloge,* de Geza Radvanyi, avec Lino Ventura qui vient de se faire un personnage en «Gorille»... Contrat qu'il fera annuler, arguant de possibles «risques de rechute».

Son capital fond. Michel Simon ne peut plus entretenir sa ménagerie qu'il confie au zoo de Vincennes. Toujours détenteur d'un permis de port d'arme, jamais employé, il songe à se suicider. Un journaliste le décrit en ces termes: «A Noisy, il est tassé dans son fauteuil, le teint gris, l'œil terne, le souffle court avec parfois de curieux dodelinements de la tête. Les doigts se crispent sur une minuscule fiole, un mystérieux médicament dont on pensait que sa stature de lutteur le dispenserait de tâter jamais. S'il se dresse, c'est immanquablement pour chercher l'appui d'un meuble. Les épaules sont affaissées, les jambes ne supportent jamais longtemps le poids de son grand corps».[71]

On peut raisonnablement penser que Simon, sinon le journaliste, en rajoute un peu. Le fait est qu'il souffre terriblement, non plus physiquement – à l'exception de quelques crises de coliques néphrétiques – mais surtout psychiquement. Et lorsqu'il menace à la radio d'intenter un procès à L'Oréal, le savonnier le devance avec fracas tandis que les syndicats respectifs de la coiffure, de la teinture, des parfumeurs, des fournisseurs de parfumerie et des «professions connexes» se joignent à l'hallali. Simon choisit un avocat à la mesure de ses ennuis, Me René Floriot, avant de gagner la Suisse où il participe à un moyen-métrage documentaire de Jean-François Hauduroy, *Simenon, l'arbre à romans,* (autrement titré *Le Président*). Il y est muet. Et c'est un homme malade qui retourne à l'école, en vedette, au Collège Calvin qui célèbre en grande pompe le 400e anniversaire de son inauguration.

Toujours en Suisse, Ladislas Vajda lui offre bientôt de jouer le tout petit rôle d'un colporteur, une dizaine de minutes en...

Page 130:
Le vieil homme et l'enfant: *un graphisme d'époque pour la pub de ce film terminé en 1966.*

L'industrie du disque 45 tours a édité les meilleures répliques et chansons interprétées par Simon. Pour ses 75 ans, il se produira même avec orchestre sur la scène de l'Olympia!

L'ancien élève François-Joseph Simon lors du 400e anniversaire du collège Calvin, le 7 juin 1959.

Un célèbre cancre avec le corps enseignant: de bonnes histoires à raconter... A droite, John Copponex, devenu doyen.

Avec John Copponex en 1959. Cinquante ans plus tôt, le professeur, le seul enseignant qu'il vénéra jamais, avait dit à son élève: «Simon, votre avenir est sur les planches!».

dialecte alémanique dans *Ça s'est passé en plein jour.* L'auteur, Friedrich Dürrenmatt, s'est manifestement inspiré de «M. le maudit», le film de Fritz Lang sorti en 1931. En allemand véritable, cette fois, Simon tourne encore à Münich *La femme nue et Satan* sous la direction de Victor Trivas; rôle qu'il refusera de «postsynchroniser» en français, laissant cette tâche à Bob Dalban qui, lui, ne rechigne pas au doublage. C'est un film assez malsain, bien dans la veine d'un post-expressionnisme allemand pas toujours du meilleur goût. En deux mots: le vieux professeur Abel a découvert une étrange substance, le sérum Z, qui pourrait théoriquement permettre de faire survivre une tête vivante séparée de son corps. Un confrère lui suggère d'effectuer une expérience sur un chien, ce qu'Abel refuse. Comme il tombe malade, l'autre, le professeur Ood, en profite pour lui couper la tête, celle aussi de son assistante et encore celle d'une danseuse afin d'expérimenter concrètement le sérum Z.

Un autre Abel, Gance, qui fut avec Louis Delluc et Marcel L'Herbier l'un des pionniers du cinéma français, l'invite en Yougoslavie. Il a 70 ans et met au point *Austerlitz,* film qui restera, en regard de ses autres fresques napoléoniennes, une œuvre mineure. On y voit Simon en grognard.

Avec Maya Simon sa petite-fille, et Lyne Anska son amie, en 1960.

Le vieil homme et l'enfant... le grand-père et la petite-fille.

Lorsqu'il rentre à Paris, René Floriot annonce à Michel Simon que, absences de mémoire ou pas, tant d'activité de sa part n'a pas vraiment facilité la tâche de la défense: l'acteur est condamné à verser un franc symbolique à Monsavon-L'Oréal. Ce qu'il fait pour clore l'affaire, car il se sait en tort: il vient de donner deux représentations de *Boubouroche,* de Courteline. Deux seules représentations peut-être, l'une à Vittel et l'autre à Versailles, mais qui suffisent au «Canard Enchaîné» pour insister sur l'éclat de son génie. Au tribunal, cet éclat-là ne donne à ses jérémiades aucune chance de succès. Peu importe: l'affirmation de ce «génie» par un critique redouté, Jean Oberlé, restitue à Simon bon moral. Du coup, il se tient très bien lors d'une nouvelle soirée de gala donnée, cette fois, en l'honneur de Marcel Achard qui vient d'entrer à l'Académie française. Gilbert Bécaud est au piano, des comédiens se succèdent et Michel Simon reprend des extraits de *Jean de la lune* au plus grand bonheur de chacun. La télévision le sollicite discrètement pour une adaptation de *Boubouroche,* laquelle le déçoit. Il a 65 ans et s'est cru «fini»; la fortune lui revenant, il veut retrouver sa place dans les cinémas français. Quatorze films l'attendent encore, une moyenne d'un par année.

Georges Simenon. Les deux hommes s'entendent bien et partagent, entre autres, un goût prononcé pour les dames.

Jean-François Hauduroy dirige Simon dans Simenon, l'arbre à romans.

plus inaperçu mais on en connaît ce refrain: «Si les médecins vous désespèrent... Laissez donc faire un assassin». Simon chante d'un ton d'autant plus convaincu qu'il a lui-même épuisé vingt-sept disciples d'Hypocrate dans son long combat contre la teinture «Imedia».

On voit ensuite Simon en colonel dans une adaptation du *Candide,* de Voltaire, transposée aux années 1914-18. Simon en uniforme militaire, lui, le réfractaire? «Ce serait trop simple de dire qu'un type est un abruti parce qu'il porte l'uniforme» dira-t-il à «Ouest-France», en 1971. En vieillissant, il s'assagit.

Tandis qu'il craint encore d'être piégé par sa mémoire flanchante, Simon refuse dans un premier temps plusieurs offres théâtrales de rôles nouveaux pour lui, et préfère partir prudemment en tournée avec *Boubouroche* qu'il présente au Maroc. Il refuse aussi une offre de Jean-Pierre Mocky, lequel prépare son troisième long métrage, *Snobs.* Il tourne en revanche brièvement, en Suisse et donc à l'abri des railleurs potentiels, *Nicolas mon ami,* un

Retour au cinéma dans La Maison, *de Gérard Brach, en 1960.*

L'une des affiches personnelles de l'acteur.

L'ALTERNANCE DES HONNEURS ET DES TROUS NOIRS

Le premier d'entre ces films, c'est *Pierrot-la-Tendresse,* un sujet adapté d'Exbrayat par Yvan Audouard et mis en images par François Villiers. Simon campe une fois de plus un personnage ambigu mais bien à sa mesure: Pierrot, un ami des bêtes et de la nature qui est aussi, à l'occasion, tueur à gages... Mais c'est pour la bonne cause: l'éducation de Marie-la-Crêpe (Dany Saval), la fille d'un truand mort sur l'échafaud. Il la conduira au mariage avec un autre gangster, Tony (Claude Brasseur), qu'il protège contre ses anciens complices que Tony avait gaillardement roulés.

Guy Béart signe trois chansons de ce qui aurait dû être, en la matière, une comédie musicale plus richement dotée. L'une d'elles, *Le Matin, je m'éveille en chantant* deviendra en tube un 1961. *Printemps sans amour,* qu'interprète Simon, passe

court métrage dirigé par Fernand Reymond.

Sa mémoire lui paraît tenir le coup. Rassuré quant à la persistance de celle-ci, il accepte de créer au théâtre, aux côtés de Raymond Souplex, *Alcool,* une pièce de Jacques Robert. «Ça ne te fait pas plaisir que je sois vivante?» lui demande Ginette Leclerc, qu'il pensait noyée à Hambourg... «Je commence à me le demander!» répond Simon qui, en coulisses ou chez lui, se renfrogne comme pour perpétuer un personnage lui paraissant incapable de mourir durant les pauses du tournage. Il laisse une impression «malsaine» à sa partenaire qui le trouve pleurnichard et atteint d'un détestable syndrome de persécution. Ce travers se manifeste notamment lorsque la critique s'en prend à Jacques Robert, auteur, d'après elle, d'une pièce minable. Bien qu'épargné, lui-même, Simon en fait une affaire personnelle et s'isole à nouveau parmi ses bêtes: biches et singes (de retour de Vincennes), chiens et chats, dans cette ménagerie qui s'honore désormais de la présence inédite... d'une lionne.

Une soirée organisée en son honneur par Henri Langlois, qui projette à nouveau *Boudu,* le sort de sa relative torpeur et, de retour d'une nouvelle cure d'amaigrissement à Zurich, Simon reçoit à la Cinémathèque une ovation qui le mettra de bonne humeur pour quelques mois, durant lesquels il apparaîtra charmant.

En 1962, il retrouve pour un soir, le 9 mai, l'odeur de la piste et la fascination des paillettes pour fonctionner en qualité de «M. Loyal» lors du célèbre «Gala de la Piste», une manifestation très prisée que n'ont pas encore éclipsée les cérémonies télévisées de distribution des César ou des Molière. Abel Gance, pour sa part, va tourner *Cyrano et d'Artagnan* et l'engage, auprès de Jean-Pierre Cassel et Henri Crémieux, dans ce film qu'il rate et qui sera, de plus, mutilé au montage. A l'exception d'une tentative de réalisation pour la télévision, ce sera le dernier film d'Abel Gance: malheureux parce que démodé, Gance recevra bien tardivement, en 1980, à l'âge de 91 ans, un César d'honneur pour sa carrière commencée en 1911. Il s'éteindra l'année suivante, alors qu'un autre type de fresque triomphera sur les écrans... *La Guerre du feu,* de Jean-Jacques Annaud.

En 1962, Michel Simon cohabite avec Denise Dax, une actrice qui, d'une part, fut la première à se montrer nue sur une scène de Grand Guignol (pour s'y faire «découper» par un magicien!) et, d'autre part, affiche trente ans de moins que son compagnon. De cette union, les journaux se gaussent allègrement. Faut-il plaindre ou envier le vieil acteur? Est-on «pour» ou «contre» Simon? La mode n'est pas encore à de tels sondages, réducteurs. Mais Simon reçoit avec une égale constance distinctions et volées de bois vert. D'autant qu'il maîtrise toujours, et de mieux en mieux, l'art de tout ficher par terre: ainsi, lorsque Eddy Guilain écrit spécialement pour Dax et Simon *Les gros sous,* que le couple accepte d'aller jouer en tournée suisse et française, Simon néglige-t-il d'apprendre son rôle... Ce qui le contraindra à reprendre en échange – trois ans plus tard – *Charmante soirée* afin d'éviter des ennuis judiciaires! D'autres ne tardent d'ailleurs

Dans L'Ibis rouge, *de Jean-Pierre Mocky, son dernier film.*

pas à survenir. Pour avoir publiquement exprimé le fond de sa pensée quant à la production d'un viticulteur renommé, Simon est condamné à lui verser cinquante francs de dommages et intérêts. Condamnation bien symbolique, certes, mais désastreuse pour sa réputation déjà sérieusement ébréchée.

René Barjavel, Henri Jeanson et Michel Audiard signent les dialogues de *Le Diable et les dix commandements,* de Julien Duvivier, dans lequel Simon joue sans véritable succès, avant de camper un formidable cheminot dans *Le train,* de John Frankenheimer. Il y côtoie Jeanne Moreau et Burt Lancaster qui est, alors, l'acteur fétiche de Frankenheimer. Dans ce film inspiré du récit de Rosa Valland, *Le Front de l'art,* Papa Boule parvient à éviter le transport vers le Reich, qui se décompose, de tableaux raflés à Paris par les nazis. La vie de Simon se profile décidément en dents-de-scie: comme le monde très soudé des cheminots s'identifie spontanément à l'héroïque Papa Boule, il obtient un nouveau triomphe. Parallèlement, le succès populaire de Michel Simon s'accroît avec la diffusion régulière, à la radio, du feuilleton des *Mystères de Londres.* Et c'est le temps des honneurs: d'abord, le festival de Locarno lui offre la présidence de sa seizième édition (et garde de lui un excellent souvenir); ensuite, Simon reçoit l'objet qui symbolise la consécration suprême des acteurs suisses, l'Anneau Hans-Reinhardt. Une confrérie de bons vivants lui confère par ailleurs le titre d'«Entonneur de Rabelais», grade qui ne le réjouit pas moins que la possession du prestigieux anneau. Enfin, il est l'invité d'honneur, très ému, de la Nuit du cinéma qui réunit la profession au théâtre des Champs-Elysées.

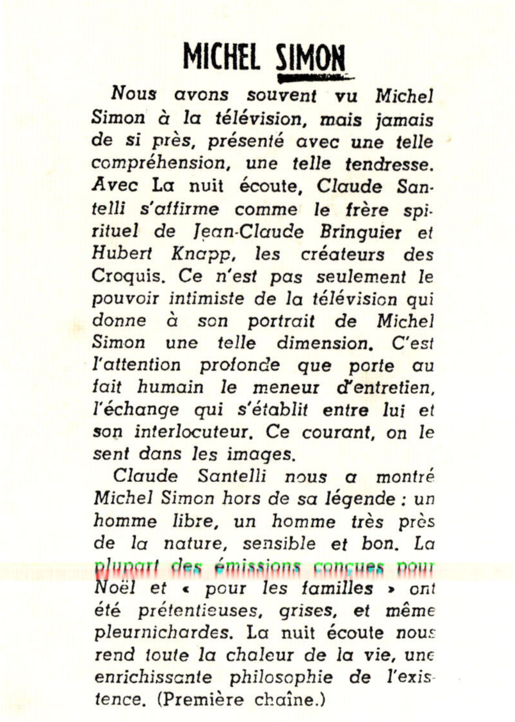

MICHEL SIMON

Nous avons souvent vu Michel Simon à la télévision, mais jamais de si près, présenté avec une telle compréhension, une telle tendresse. Avec La nuit écoute, *Claude Santelli s'affirme comme le frère spirituel de Jean-Claude Bringuier et Hubert Knapp, les créateurs des* Croquis. *Ce n'est pas seulement le pouvoir intimiste de la télévision qui donne à son portrait de Michel Simon une telle dimension. C'est l'attention profonde que porte au fait humain le meneur d'entretien, l'échange qui s'établit entre lui et son interlocuteur. Ce courant, on le sent dans les images.*

Claude Santelli nous a montré Michel Simon hors de sa légende : un homme libre, un homme très près de la nature, sensible et bon. La plupart des émissions conçues pour Noël et « pour les familles » ont été prétentieuses, grises, et même pleurnichardes. La nuit écoute *nous rend toute la chaleur de la vie, une enrichissante philosophie de l'existence. (Première chaîne.)*

Lancement, dans le journal Le Monde *d'une soirée de télévision consacrée à Simon en 1965.*

Avec Denise Dax. Leur liaison choque la bonne société: elle a trente ans de moins que lui!

Avec ses petites-filles Maya et Martine.

L'aime-t-on vraiment? On l'aime. Il finit par s'en convaincre mais demeure très écorché. Il devient vieux, de plus en plus perplexe à l'observation de son visage bosselé, de plus en plus solitaire, aussi. Et lorsque Marcel Pagnol vient à tourner maladroitement son couteau dans la plaie de l'acteur, voulant lui faire dire «Je suis laid!» dans *Merlusse,* l'Académicien se fait vertement éconduire.

On aime Simon mais on ne le gifle pas moins. D'habitude, c'est lui qui prend les devants en matière de ruptures; or – injure suprême à ses yeux – voilà que Denise Dax ose le plaquer! Et de quelle manière… Elle choisit le mode spectaculaire en se présentant chez lui flanquée d'un (faux) journaliste, afin de l'obliger à filer doux et lui laisser reprendre ses affaires. Il en est éberlué. Pour comble de malheur, une partie de son parc de Noisy-le-Grand vient à flamber, ce qui attire l'attention de cambrioleurs sur l'adresse de sa résidence qui se fait bientôt «visiter», une fois de plus. Sonné par ces coups durs comme après un match de boxe qui aurait mal tourné, plus fermement convaincu que jamais «qu'on ne peut que compter sur soi-même», Michel Simon se lance à nouveau dans une aventure financière, hasardeuse, comme toujours: à l'instar de Gabin et Fernandel, lesquels se sont associés dans «Gafer», un bureau de production, il monte une petite entreprise avec Pierre Brasseur. Les deux mandatent le réalisateur belge Yvan Govar pour tourner *Deux heures à tuer* avec Catherine Sauvage. Echec sur toute la ligne, échec que (bien sûr) Simon impute à Brasseur, avec qui il s'engueule copieusement.

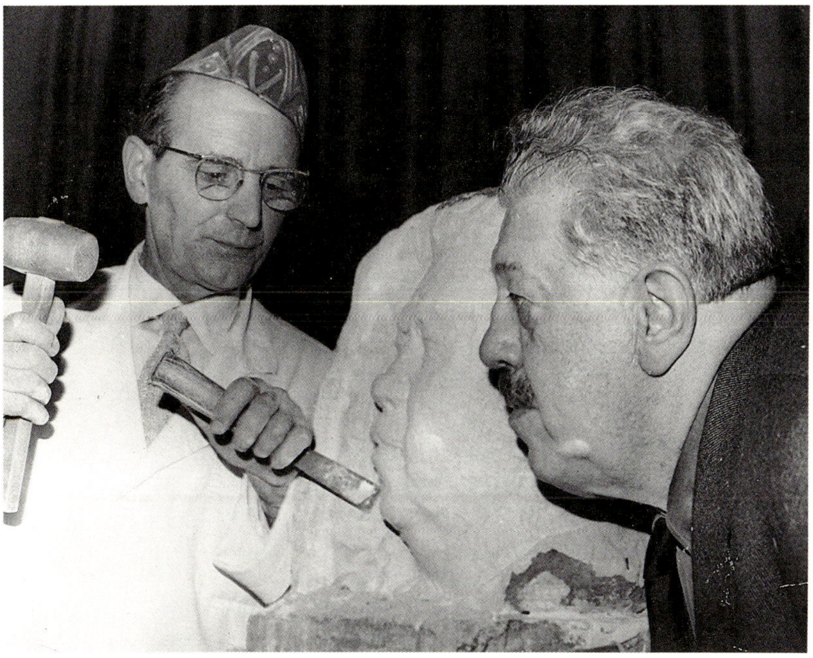

Aussi souple qu'un élastique, Michel Simon passe en quelques mois d'une voie glorieuse (celle du «grand, exceptionnel, génial» acteur que célèbre toute la profession) à un nouveau tunnel. Du coup, il somatise de plus belle, ce qui se traduit chez lui par de nouvelles absences de mémoire. Pour la deuxième fois depuis le traumatisme imputé à la teinture Imedia, il éprouve le besoin de tester ses capacités en se retirant pour participer, discrètement, à deux courts métrages: *Steinlen* d'Alain Saury et *Il Mondo di notte,* de Gianni Proia. Le théâtre ne lui apportera plus, désormais, que de la souffrance. Quant au cinéma, il va bientôt lui permettre d'interpréter un rôle marquant de grand-père. Un vieil homme, comme lui, bien qu'il s'en défende en continuant de s'afficher avec de jeunes femmes que son aura, son baratin frivole et son attention, généreuse – lorsque l'amour s'en mêle – continuent d'attirer à lui. Dans l'attente, il ne jouera plus qu'une pièce au théâtre, superbement, mais dans d'épouvantables conditions qui lui vaudront l'affectueuse amitié de tous.

Barteletty-Doillon s'attaque à une forte tête.

Avec Dany Saval dans Pierrot-la-tendresse, *de François Villiers.*

Un film sous la direction de John Frankenheimer: en 1963, c'est Le Train.

DE LA VIEILLESSE TOURNÉE EN AVANTAGE

A vrai dire, René de Obaldia souhaitait initialement confier à Noël Roquevert le rôle de Rockfeller dans *Du Vent dans les branches de Sassafras.* Mais Roquevert aiguillera l'auteur sur Simon, plus apte, d'après lui, à incarner le personnage. Lorsque Michel Simon signe son contrat, la peur le gagne un instant mais il ne peut plus reculer: la presse a déjà fait ses titres de son prochain retour au théâtre. Il lui faut désormais assimiler près d'un millier de lignes. Or, elles ne «rentrent» pas. Chaque matin, dans l'hôtel où il a pris pension à deux pas du Théâtre Gramont, Lyne Anska lui prépare jus d'oranges et provisions de baumes ainsi que des vitamines. Chaque après-midi, autour de lui, Françoise Seigner, Rita Renoir, Caroline Cellier, Francis Lemaire et Jacques Hilling font des prouesses d'équilibristes pour rattraper ses répliques qu'il tronque ou qu'il déplace, qu'il oublie ou que, souvent, il improvise pour donner le change.

Les répétitions durent quatre mois. René de Obaldia lui-même vole au secours de l'acteur en adaptant ses phrases, allégeant des passages difficiles et acceptant d'assouplir le dialogue pour autant que Simon se sente capable de rétablir la situation. Grâce à son «unique et irremplaçable présence naturelle», malgré aussi – ou grâce à – de régulières déviations du texte, Simon fait hurler de joie critiques et public. Tous les journaux y vont de leurs commentaires; les gazettes de boulevard, insistant sur la performance surhumaine de Simon et les dignes chroniques du théâtre, se répandant en louanges sur la subtilité de l'interprétation de l'hyperbolique patriarche de la pièce.

Tandis qu'entre deux représentations, Michel Simon, les larmes aux yeux, inaugure la place Colette, devant le Théâtre-Français, Claude Berri, qui vient de recevoir un Oscar pour son court-métrage *Le Poulet,* peaufine le scénario du premier film qu'il va tout à la fois produire et réaliser, *Le vieil homme et l'enfant.*

L'enfant s'appelle Alain Cohen, il a huit ans. Son rôle est partiellement biographique: dans cette intrigue qu'il extirpe de sa mémoire autant que d'un livre de Catherine Paysan, *(Je m'appelle Jéricho),* Claude Berri brosse les relations subtiles unissant, durant la guerre, un enfant juif à son protecteur, un vieil homme parfaitement ignorant des origines du gosse qu'on lui a confié. Pétri de bonté, amoureux de ses chiens et de ses lapins, ce tuteur radote un peu. Nourri de l'air du temps, il se plaît à maudire parfois ces ennemis de la nation que sont «les Juifs, les bolchéviques et les francs-maçons». Une fois de plus, Michel Simon se déchaîne en griffant le vernis des

Avec Claude Brasseur dans Pierrot-la-tendresse.

Dans le même film, adapté d'Exbrayat par Yvan Audouard.

Tendre tuteur, Pierrot est à l'occasion tueur à gages: qu'importe, si c'est pour favoriser l'éducation de Marie-la-Crêpe...

conventions: le brave homme qu'il incarne, cet ancien combattant vivant en harmonie avec la nature, n'est, au fond, qu'un réactionnaire de bas étage. Avec ses modestes clés, l'enfant décode le langage du «pépé» et l'assaille de questions. Teintant ses réponses d'une assurance tranquille, le vieil homme tente de sauver les apparences, luttant avec le gosse qui le trouble dans sa sérénité mais face à qui, pourtant, il refuse de se remettre en question. De toute évidence, dans ce conte philosophique, le personnage, au premier abord sympathique, du «pépé» n'a pas la pensée propre. C'est ce paradoxe-là qui fascine Michel Simon: au travers de son personnage, il s'ingénie, à faire la démonstration de ce que peut cacher, parfois, une bonhomie de façade. Il vit intensément ce rôle qui lui permet d'illustrer sa pensée profonde sur le sujet, d'exprimer sa méfiance des belles manières et, aussi, son dégoût des discours préfabriqués. Chaque frémissement de ses rides, chaque vibration de sa voix semblent comme devoir attirer l'attention générale sur les aimables et pernicieux atours que peut revêtir la duplicité. Ce constat hante Simon, il hante aussi Berri... De sorte que vingt-trois ans plus tard, en 1990, le cinéaste redéfinira cette même – et toujours dangereuse – attitude lorsqu'il réalisera *Uranus:* dans ce film tiré d'une nouvelle de Marcel Aymé, Gérard Depardieu campera un bistroquet qui, sous un couvert accueillant, s'accroche à de funestes convictions. (Il faut noter que bien avant Claude Berri, Claude Autant-Lara avait rêvé de réaliser cette adaptation. Dans le rôle finalement attribué à Depardieu, il voulait voir, lui, Michel Simon,

En tournée dans Du vent dans les branches de Sassafras, *de René de Obaldia, en 1965.*

Les vertiges de la mémoire, qu'il perd durant les représentations, ne sont pas les seuls à le troubler.

Françoise Seigner, Caroline Cellier, Rita Renoir, Francis Lemaire, Jacques Hilling... jouent les faire-valoir.

Un Ours d'argent pour son rôle dans Le vieil homme et l'enfant, *de Claude Berri.*

Avec Madeleine Renaud lors de la cérémonie de remise des Ours, à Berlin en 1967.

dont il avait finement perçu la nature. Mais trop marqué politiquement, Autant-Lara a cependant été contraint de renoncer à *Uranus.* Bien plus tard, il militera carrément aux côtés de Jean-Marie Le Pen, chef du Front national, dans les années quatre-vingts).

Michel Simon interprète son dernier grand rôle dans ce film qui lui vaut un Ours d'argent au festival de Berlin et une pluie de louanges Celle-ci à peine séchée, l'acteur reprend, au théâtre, *Du Vent dans les branches de Sassafras* qu'il joue à guichets fermés. Et, consécration à ses yeux plus importante que celle de Berlin, il participe au festival de Cannes comme invité d'honneur: il y reçoit une médaille d'or pour «services rendus au cinéma». Sur la Croisette, on peut le croiser avec Alain Cohen qu'il présente à Brigitte Bardot, Vanessa Redgrave, Monica Vitti, Raquel Welch... Les «plus belles femmes du monde» sont là pour l'enchanter.

Des étoiles plein les yeux, il part ensuite se reposer près de Gordes, négligeant ses engagements au théâtre – Pierre Brasseur y reprendra son rôle – et savourant sa joie, réelle et cinématographique, d'être vraiment grand-père. Il exhibe à nouveau sa crinière blanche dans *Un Homme entre des femmes,* de Jacques Poitrenaud, un

Le général de Gaulle. A la table du président de la République, Michel Simon défend Henri Langlois tandis qu'André Malraux cherche à l'évincer de la Cinémathèque française.

Avec Alain Cohen dans Le vieil homme et l'enfant.

film qu'il tourne dans la région et qui sera bientôt rebaptisé, plus commercialement... *Ce sacré grand-père.* Sa nouvelle image le tient.

A l'Elysée, il est un autre grand-père qui demande à connaître Michel Simon: le général de Gaulle. L'acteur est convié à le rencontrer et à bavarder aussi avec son ministre de la culture André Malraux. Ce qu'il fait avec plaisir. Il ignore encore qu'à ce même moment, André Malraux cherche à évincer Henri Langlois de la Cinémathèque française, Langlois qu'il juge autoritaire et dépensier. Sa décision, lorsqu'elle est connue, déclenche une tempête: Jean Renoir prend la présidence d'un comité de soutien à la Cinémathèque; Yves Montand et Simone Signoret y vont de nouvelles manifestations publiques; Orson Welles et Charlie Chaplin eux-mêmes s'en mêlent, pour soutenir Langlois... Et Michel Simon, fort de sa récente rencontre avec le Président de la République – qui l'a appelé «Maître», ce dont il se souvient avec émotion – prend sa plus belle plume pour lui écrire.

L'affaire prend les allures d'un bras-de-fer. André Malraux finit par céder sans pour autant s'avouer vaincu: le ministre maintient Langlois en poste mais passe ses subventions à la moulinette, ce qui lui coupe les ailes. Simon apprécie cette subtile rouerie. Puis il s'envole vers les Etats-Unis.

Michel Simon ne s'est pas rendu en Amérique depuis 1939. Il y retourne (enfin!) en star, serrant des milliers de mains et recevant avec délectation les journalistes, empressés, cette fois. Il fait aussi de belles rencontres. Ainsi racontera-t-il qu'un jour qu'il le croisait, Gary Grant l'apostropha en français: «Bonjour, Monsieur Legrand»! Evidemment, cette euphorie ne dure guère. Elle ne parvient jamais à durer chez Simon. Parfois, il se demande même quelle faute inconnue a bien pu lui valoir un tel karma. Ses interrogations mystiques le reprennent de plus en plus fréquemment. A Paris, un papier bleu lui impose même de redescendre à terre: le document lui notifie, par voie judiciaire, le prix des dommages et intérêts à verser pour sa défection au théâtre... Quinze millions!

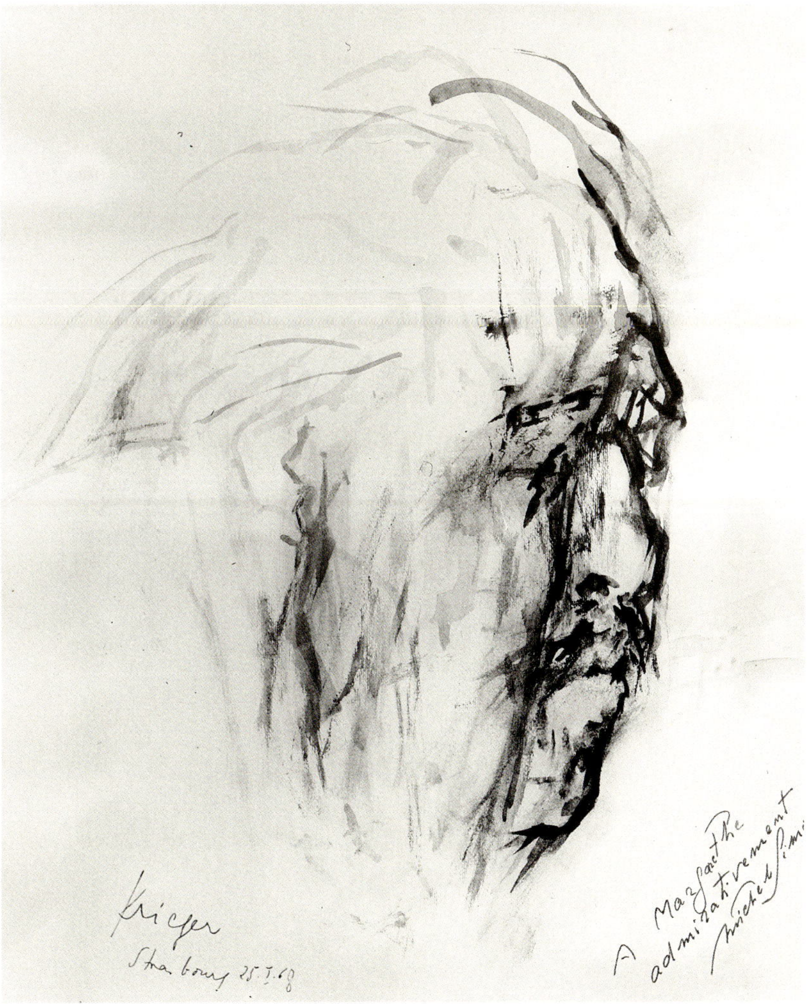

Simon par Margareth Krieger, Strasbourg, 1968.

Avec Marcel Achard, Claude Berri et Alain Cohen.

Les derniers combats

Avec Margareth Krieger lors du vernissage d'une exposition de cette dernière à Caen, en 1968.

Michel et François Simon vus par Margareth Krieger.

Il est donc écrit qu'il n'aura jamais de retraite. Et puisqu'il lui faut payer, il lui faut tourner encore. Le cinéma rapportant davantage que le théâtre, il renonce, pour demeurer disponible, à jouer Dieu le Père dans *Concile d'amour,* d'Oscar Panizza. Comme il avait préalablement fait connaître son accord pour ce rôle, il se met à dos le festival d'Avignon et, bien sûr, la moitié de la profession. Lorsque, l'année suivante – 1969 – il refuse, de même, la vedette dans *Le Rêve de l'oncle* de Dostoievski, il s'attire les foudres de l'autre moitié de la profession. Michel Simon est à nouveau seul. Il se console auprès d'une nouvelle compagne – de quarante ans plus jeune – et «chine» de plus belle au marché de Saint-Ouens, car avant de les mettre en vente, les puciers ne manquent jamais de lui montrer leurs plus belles trouvailles érotiques. Ils sacrent même Simon «Camelot d'honneur» de leur congrégation. Il est vrai que l'acteur, quoique fauché, dépense sans compter pour collectionner, de tout, de rien... Il semble même qu'il tente, à ce moment, de se procurer auprès de Robert Le Vigan des manuscrits de Louis-Ferdinand Céline. Coupable d'émissions radiophoniques antisémites et condamné à dix ans de travaux forcés, Le Vigan s'était réfugié en 1945 en Argentine. Simon n'aime pas Le Vigan mais il voue une secrète admiration à Céline. Au point qu'il envoie un émissaire à Buenos Aires, lequel en reviendra bredouille, et pour cause: il est juif. Or Le Vigan n'a pas changé. Pas question pour lui de négocier, comme il l'écrira

dans une lettre tristement instructive, «avec un youtron».[71] Pourquoi Simon s'intéresse-t-il à ces lettres de Céline? Certes, il apprécie l'œuvre de l'auteur de *Mort à crédit*... Mais il espère probablement aussi en tirer profit: il n'a plus d'engagement. Il n'a pas payé les quinze millions que la justice le somme de verser à René Dupuy, le directeur de théâtre qu'il a plaqué. Il est fauché. Une fois de plus, mais plus gravement que jamais.

Les informations que Simon reçoit de France à ce sujet sont alarmantes. Les huissiers, lui télégraphie-t-on, s'impatientent. Il lui faut rentrer à Paris. Sitôt posé à Orly, il reçoit – scénario connu – la pire nouvelle qu'il puisse supporter: le 19 juin 1969, sa propriété de Noisy-le-Grand sera vendue aux enchères. Il rentre chez lui, se barricade, téléphone aux amis... Et l'affaire fait grand bruit. Charlie Chaplin vole au secours de Simon en déclarant qu'aux Etats-Unis, le syndicat des acteurs «aurait boycotté» le théâtre qui ruine ainsi Michel Simon, «le plus grand acteur de France». La rédaction du magazine allemand «Spiegel» appelle ses lecteurs à se cotiser. En France, Guy Bedos publie une lettre terrible à l'égard de René Dupuy. Joséphine Baker adresse 100.000 francs (dix millions anciens) à Simon et, de son côté, Julien Clerc fait jouer *Hair* au profit du vieil acteur. On assiste à une véritable levée de boucliers. Aux yeux de tous, Michel Simon figure désormais, emblématiquement, le brave homme en proie aux méchants, personnifiés en l'occurence par l'administration et René Dupuy. Il est flatté.

Une fois de plus, hélas, il en rajoute un peu. A la télévision, il se laisse même aller à menacer de mort René Dupuy! Pour lui, ce n'est qu'un éclat dont il reconnaîtra d'ailleurs la maladresse. Mais pour Dupuy, l'affaire est grave, tandis que, sans plus y

Avec Maya au Centre d'animation cinématographique, qui s'appelait Roxy et deviendra le CAC-Voltaire. Lorsque le CAC déménagera pour s'installer au Grütli, la Maison des Arts de Genève, une salle sera nommée «Michel Simon».

Un an plus tard, en 1973.

Page 145: Un de ses rares portraits au naturel, probablement saisi en 1973.

penser, Simon s'envole vers l'URSS et la Finlande qui, à leur tour, vont découvrir – en l'ovationnant – *Le vieil homme et l'enfant,* en France pendant ce temps, la police le guette. Il est à peine de retour que deux inspecteurs viennent frapper à sa porte. Il hurle. «Mais enfin, je n'ai pas commis de meurtre!» Oui mais, des fois que... «A titre préventif, vous devriez nous remettre votre arme, suggère le chef. Ça rassurerait M. Dupuy, vous comprenez...» Simon ne comprend rien du tout et s'entête. L'affaire

Dans La Maison, *de Gérard Brach, en 1970.*

dure encore quelques mois, le temps d'un sursis pour Noisy, et après recours, Michel Simon finit par payer une amende qu'à force de protestations, il est parvenu à faire diminuer de moitié.

L'affaire est classée, Noisy est sauvé, l'acteur est heureux. Il va fêter 75 ans et s'offre le luxe d'un tour de chant à l'Olympia, comble. Mais il n'a toujours pas d'emploi au cinéma, tandis que son fils François, lui, y triomphe avec *Charles mort ou vif,* d'Alain Tanner. Par revanche et par nécessité, il lui faut donc revenir à l'écran; ce qu'il fait avec *La Maison,* de Gérard Brach.

En Louis Compiègne, professeur d'histoire naturelle, Michel Simon compile en quelque sorte ses rôles anciens de vieux solitaire, d'amoureux de la nature et de protecteur attentionné. Il campe un vieux professeur vivant dans un château envahi de souvenirs, et qui prend soin de la fille d'un confrère (l'histoire se termine mal). Peu après ce tournage, Michel Simon participe à *Consternation générale,* un film à sketches de Luigi Zampa. Il enregistre aussi quelques chansons de Bernard Dimay. *Mémère* fera recette, sauf pour Simon qui n'avait pas signé de contrat. Il a vraiment le chic pour perdre de l'argent... soit en ne respectant pas les contrats signés, soit en oubliant de signer ceux qui peuvent lui en rapporter.

Valerian Borowczyk s'inspire ensuite de Slowacki et Balzac pour faire de Michel Simon un grand seigneur du XIIIe siècle, timoré, autoritaire et jaloux de sa jeune femme. Ettore Scola le convie ensuite à tourner *La plus belle soirée de ma vie* qu'il adapte de Friedrich Dürrenmatt. Dans cette histoire *(La Panne),* un voyageur de commerce, transposé par Scola en homme d'affaires plus arrogant encore, tombe en panne et se fait recueillir par un étrange quatuor formé de magistrats à la retraite, toujours prêts à «jouer au procès». Le visiteur leur sera un accusé parfait.

Sur le plateau, à chaque jour qui passe, le climat s'alourdit car Pierre Brasseur s'éteint lentement. Il ne finira pas le tournage, et meurt parmi les comédiens. Effondré, Simon regagne Paris, s'y repose un peu puis gagne brièvement Genève, le temps d'un hommage que lui rend sa ville natale au cinéma Roxy. Il songe qu'autour de lui, les décès se succèdent: Marcel Pagnol, Marcel Achard... Comme pour mieux chasser la mort, Simon se replie une fois de plus à Noisy. Seuls deux iconoclastes notoires parviennent à l'en tirer, tous deux pour lui offrir des rôles qu'il ne peut refuser: Jérôme Savary et Jean-Pierre Mocky. Le premier, inventeur du flamboyant Grand Magic Circus, offre à Simon d'être un érotologue (!) dans *Le Boucher, la star et l'orpheline.* Le deuxième fait de Simon la victime consentante d'une histoire bien amorale de vrai et de faux assassin,

Dans Blanche, *de Valerian Borowczyk, en 1971.*

Avec Alberto Sordi dans La plus belle soirée de notre vie, *d'Ettore Scola, en 1972.*

En visite chez Georges Brassens, ciseleur de mots, libertin et libertaire.

L'Ibis rouge. C'est la présence de Simon qui fait l'intérêt de ces films.

Pourtant, l'acteur est fatigué. Sa compagne, âgée de trente ans, Karen, le soutient de plus en plus fermement lors de ses promenades. Elles sont de moins en moins longues. On le voit encore lors d'un hommage rendu à Marcel Achard: ce sera sa dernière apparition publique. Valéry Giscard d'Estaing, Président de la République française, le place alors entre son épouse et sa fille. C'est un grand honneur. Mais le 12 avril 1975, lorsque Simon apprend la mort de Joséphine Baker, il s'alite. Accablé, épuisé. Totalement las. Le 25 mai, à bout de forces, il est discrètement conduit à l'hôpital Sainte-Camille de Bry-sur-Marne, où il demande l'assistance d'un prêtre. Il sait qu'il va mourir. Il s'éteint effectivement quelques jours après, le 30 mai, à 9 h 45, au cours d'un repas qu'il doit trouver piteux.

Les obsèques ont lieu le 4 juin à 10 heures. La nef de la Madeleine est presque vide. Auprès du cercueil, on aperçoit le tablier de franc-maçon de Michel Simon. Michel Serrault, Jean-Pierre Mocky, Marcel Carné sont là. De rares anonymes, aussi, et François Simon qui veille sur la dépouille de son père, qu'il fera inhumer au cimetière genevois du Grand-Lancy.

Se précipitant à Noisy, les huissiers découvrent l'invraisemblable: Michel Simon, l'homme tenaillé par les soucis d'argent, l'acteur de génie pour l'aide duquel la profession entière s'était mobilisée, et pour lequel des cinéphiles allemands ont fait collecte... Ce même Michel Simon était riche! Il possédait notamment une magnifique collection de montres anciennes, dont certaines tricentenaires. Laquelle est immédiatement mise aux enchères, à l'Hôtel Richemond. Bienheureux les propriétaires du catalogue: à son tour, il est devenu pièce de collection! Quant à sa propriété de Noisy-le-Grand, elle est rachetée par des promoteurs immobiliers qui la mettent en pièces pour mieux vendre ensuite, sous le nom de «Clos Michel Simon», des résidences neuves. Les arbres que l'acteur avait plantés sur le terrain? Abattus. Un vrai saccage.

Peu avant l'intervention des bulldozers, Christian Plume et Xavier Pasquini ont pu visiter la maison de l'acteur, ouverte aux quatre vents, comme abandonnée. Sur les planchers délavés, ils ont découvert quelques coupures de presse collées au sol par l'humidité; l'étude que Jacques Fansten a consacrée à Simon; et même des copies de l'inventaire soigneux dressé avant la dispersion des collections de l'acteur. Les lots ne sont pas encore constitués par genres car les liquidateurs, éberlués, ont rempli leurs caisses au fur et à mesure qu'ils progressaient dans la maison. Ou-

Ci-dessous: François Simon, cofondateur à Genève de l'Atelier-théâtre de Carouge.

Avec Jeanne Carré, sa compagne durant 728 jours et l'humoriste genevois Jack Rolland en 1972.

Aux côtés de Freddy Buache, directeur de la Cinémathèque suisse, en 1973.

François Simon en Voltaire et Roger Jendly en Rousseau, ces autres phares de Genève.

François Simon en Richard III sur les planches de Carouge.

Mars

vrant les coffres, vidant les armoires, explorant les cagibis, découvrant même des objets dans une baignoire, ils ont fait provision de gravures, lithographies, livres, aquarelles... La maison recèle une extraordinaire addition d'œuvres souvent rares. On relève 21.000 photos «curieuses ou érotiques», des ouvrages de poésie, des automates, des lampes, une édition originale de l'œuvre de Balzac, des dessins de Tœpffer, une étude attribuée à Maillol, de très nombreux manuscrits et aussi quelques dédicaces, comme un commentaire de Jean Genet apposé aux premières pages d'un livre de Bolinger, *Pour le chant du dormeur*... Michel Simon était un papivore. Ses amis les puciers exploiteront longtemps durant cette mine d'or surgie de l'irréversible dispersion de ses collections.

Une plaque honore aujourd'hui la mémoire de Simon sur le mur de sa maison natale. Un cinéma porte également son nom dans la Maison des Arts que Genève s'est donnée juste derrière le Grand Théâtre et le Conservatoire. Une rue, toute petite, porte aussi son nom. Est-ce suffisant? Un étonnant débat va naître quelques années plus tard.

En 1982, c'est François Simon qui meurt. La cathédrale St-Pierre de Genève est pleine pour lui rendre hommage. Et voilà que dans les assemblées politiques, puis dans la presse, on en vient à se demander s'il ne conviendrait pas d'inhumer François Simon au cimetière des Rois! C'est le champ glorieux où Genève honore ses grands hommes. Dans ce parc magnifique, reposent des humanistes, des diplomates, des écrivains, des scientifiques et même Jean Calvin, supposé couché sur une pierre sobrement gravée «J.C.»... Pourquoi pas François Simon, homme de théâtre à qui Genève doit tant? Jamais encore saltimbanque n'avait eu droit au site privilégié des Rois. Le débat fait bientôt rage.

C'est alors qu'on réalise que Michel Simon, lui-même, ne s'y trouve pas. Le syndrome Poquelin? Le grand Molière enterré comme un malpropre? Toute proportion gardée, on étudie l'affaire avec le plus grand sérieux. Que faire de la dépouille du fils? Et du père? Anecdote symbolique, au même moment, à Paris, ce Panthéon des vivants qu'est l'Académie française refuse son habit vert à Charles Trenet. Le poète, ce saltimbanque, cet amuseur, cet enchanteur, avait eu l'outrecuidance de vouloir se mêler aux gens sérieux... Eh bien non! tranchent les autorités municipales genevoises. La cité de Rousseau respectera autrement ses artistes. Après moult palabres, elles décident que Michel Simon, pour s'y trouver depuis longtemps, restera au Grand-Lancy. Mais que François Simon, pour avoir fait rayonner le théâtre genevois, pourra, lui, être transféré du cimetière de Carouge à celui des Rois. Sous un

Un personnage double et vu comme tel.

Page 148:
Simon vu par Robert Lasquin pour une affiche de théâtre, dans les années trente.

Page 152:
Gravée sur une médaille de collection, l'écriture personnelle du comédien.

Simon en 1973.

Vieux sage ou vieux grigou, et sans doute les deux à la fois.

vieux pin généreux de son ombre, ses frêles mains de bronze s'y élèvent aujourd'hui d'une tombe discrète, toute proche de celle de Jorge Luis Borgès.

Futile débat, que celui des «gens biens» sur une histoire de sépultures! Certes, Michel Simon aurait sans doute apprécié l'hospitalité des Rois. Mais qu'aurait-il pensé de ces notables attachés à mesurer – comparativement, par-dessus le marché! – le rayonnement de son aura et de celle de son fils? Lui rejetait sans compromis l'hypocrisie voilée des «gens biens». C'est pour cela qu'il a fait de sa vie une provocation permanente à leur endroit. Il raillait leurs principes et griffait leur vernis: par

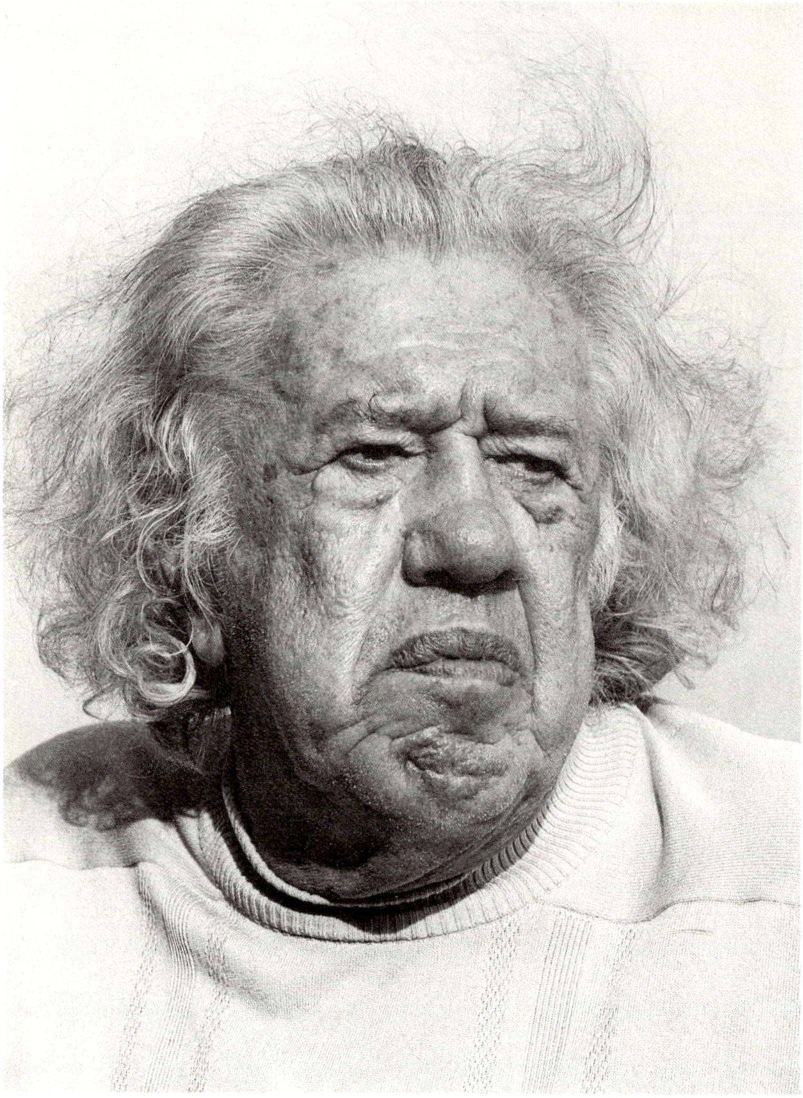

ses rôles, il leur tendait un miroir dont la justesse du reflet était telle, qu'ils ne pouvaient crier à la déformation. Le devoir d'irrespect? Il en avait fait son cheval de bataille. Mais le temps semble révolu où les rois entretenaient des fous dont l'impertinence – de façade – devait masquer la pertinence des remarques. Leurs pirouettes, leurs pantomimes, leurs mimiques exprimaient ce que jamais puissant ne pouvait entendre, vraiment, d'un interlocuteur à demi-courbé. Michel Simon agressait à la façon de ces fous ceux que Georges Brassens appelait, dès 1954, «les croquants et les croquantes», et qui sont aussi les «snobs» de Vian, ou encore «ces gens-là» que Brel pointait du doigt… Sans aucun doute, les artistes authentiques sont les héritiers contemporains des fous. Mais, signe des temps, c'est la société entière qui a remplacé les Cours. Le terrain d'exercice s'est élargi… Bateleur de génie, Michel Simon n'était qu'un fou, lucide, mal compris.

EXAMEN D'UNE NATURE

En 1995, cent ans après la naissance de Michel Simon, une comédienne de vingt-six ans représente déjà la quatrième génération des saltimbanques nés de la charcuterie genevoise de la Grand-Rue. Elle s'appelle Marina Golovine, fille de Maya Simon, petite-fille de François et arrière-petite-fille de Michel Simon. Que peut-elle percevoir de son arrière-grand-père?

Il restera de Michel Simon la notion confuse d'une démesure de tous les instants. On ne peut en effet déceler, à l'étude de sa biographie, pas plus qu'à celle de sa filmographie, de véritable fil conducteur. En général, les acteurs virevoltant comme lui de navet en chef-d'œuvre ne laissent pas d'empreinte durable. Or c'est là que se niche le mystère Simon: avec quelques autres, son ombre continue de dominer le cinéma français. C'est que le public a aussi besoin de héros négatifs. Plus: il a besoin aussi de reconnaître, derrière les noirs travers de ceux-ci, la petite lueur, cette once d'humanité qui finit tout de même, à leurs yeux, par les «racheter». Edgard Pœ était un poivrot mais c'était un génie. Son traducteur Baudelaire aussi. Gainsbourg de même. Simon, lui, cumulait: il ne buvait pas mais se payait le luxe de révéler une vie hors normes tout en incarnant au cinéma d'horribles personnages, tour à tour pouilleux ou assassins. Et quand parfois un rôle tendre venait changer les habitudes, on s'en étonnait presque. C'est que le public a besoin de désigner précisément ses héros négatifs. C'est rassurant. La chienlit paraît cadrée...

Michel Simon s'est ainsi fait le paratonnerre des mauvaises pensées. L'homme par qui l'on pouvait expier. L'exemple, fort instructif, à ne pas suivre. Quelle hypocrisie! Simon, lui, n'avait jamais accepté de croire en la vertu des gens de bonne compagnie. Il est certain que ses rencontres des beaux bordels ont dû lui en apprendre pas mal, sur ce sujet... Or l'hypocrisie finit toujours par générer l'injustice. Cela, dès sa plus tendre enfance, il n'a jamais pu le supporter. Il a passé sa vie à la combattre.

Cette force, cette gouaille, cette énergie dévastatrice qui l'habitaient lui étaient les outils de sa protestation permanente à l'endroit de la société. Sa naïveté, sa propension à se rouler dans de sales draps révélaient l'extrême faiblesse, corollaire, de cet écorché. Sa soif de gloire n'était que l'expression d'un besoin de revanche; l'affirmation que tous les codes peuvent être bravés, et même, ironie suprême, qu'on peut amener ceux que l'on combat à nous vénérer quand même.

Ainsi était Simon. Un vieil anar, passablement nombriliste comme le sont souvent les galériens d'une minorité, capable d'engouements monolithiques et, tout aussi rapidement, de colères fugaces. Un tendre, blindé. Un méfiant. Un ancien pauvre ayant toujours peur de manquer. Un misanthrope par dépit plutôt que par nature. Un formidable interprète des gens de tous les jours, qui cachent les travers, ou les petites manies, que lui aimait à faire connaître. Qui donc n'a pas mangé une sardine avec les doigts?

L'hommage de la Poste française.

La maison marseillaise de Michel Simon à La Ciotat. En 1895, les frères Lumière avaient tourné à quelques mètres de là le premier film cinématographique mondial: Entrée du train en gare de La Ciotat...

MICHEL SIMON
COMÉDIEN

THÉÂTROGRAPHIE		FILMOGRAPHIE
Mesure pour mesure, Shakespeare, *Hamlet*, Shakespeare, *Les Bas-Fonds*, Gorki, avec les Pitoëff à Genève.	1920	
La Mouette, Tchékov, *Celui qui reçoit des gifles*, Andreiev, *Androclès et le lion*, G.B. Shaw, avec les Pitoëff à Genève.	1921	
Salomé, Oscar Wilde, *Devant les Portes d'or*, Lord Dunsany, *Celui qui reçoit des gifles*, Andreiev, *Androclès et le Lion*, G.B. Shaw, *Les Bas-Fonds*, Gorki, *La Mouette*, Tchékov, avec les Pitoëff à Paris.	1922	
Mademoiselle Bourrat, Anet, *M. Le Trouhadec saisi par la débauche*, Jules Romains, *Six personnages en quête d'auteur*, Pirandello, au Théâtre des Champs-Elysées. *Pygmalion*, G.B. Shaw au Théâtre des Arts. *Embrassez-moi*, Tristan Bernard, Yves Mirande, Gustave Quinson, *Mesure pour mesure*, Shakespeare, *Les Revenants*, Ibsen, *Les Ratés*, H.R. Lenormand, *Candida*, G.B. Shaw, *Le Portrait de Dorian Gray*, d'après Oscar Wilde, au Théâtre du Palais-Royal.	1923	
Jeanne d'Arc, Péguy, à la Comédie-Française, *Ma Femme danseuse*, Louis Delluc, au Théâtre des Mathurins. *La Beauté du Diable*, Jacques Deval, au Théâtre de Monte-Carlo.	1924	
Natchalo, André Salomon, René Saunier, *On demande un amant*, Maurice Debroka, *Boudu sauvé des eaux*, René Fauchois, au Théâtre des Mathurins.	1925	*La Puissance au travail (ou La Vocation d'André Carrel)*, Jean Choux (muet) *Feu Mathias Pascal*, Marcel L'Herbier (muet).
Je ne vous aime pas, Marcel Achard, au Théâtre de l'Atelier. *Et dzim la-là*, Marcel Achard, *Jean le Maufranc*, Jules Romains, *Comme-ci comme-ça*, Luigi Pirandello, au Théâtre des Arts. *Au grand large*, Suton Vane, à la Comédie des Champs-Elysées.	1926	*L'Inconnue des six-jours*, René Sti (muet).
Le Revizor, Gogol, *Léopold le bien-aimé*, Jean Sarment, à la Comédie des Champs-Elysées.	1927	*Casanova*, Alexandre Volkoff (muet).
Le Coup du deux décembre, Bernard Zimmer, *Suzanne*, Steve Passeur, *Siegfried*, Jean Giraudoux, à la Comédie des Champs-Elysées.	1928	*La Passion de Jeanne d'Arc*, Carl Th. Dreyer (muet) *Tire au flanc*, Jean Renoir (muet).
Jean de la Lune, Marcel Achard, *M. Le Trouhadec saisi par la débauche*, Jules Romains, *Amphitryon 38*, Giraudoux, à la Comédie des Champs-Elysées.	1929	*Pivoine*, André Sauvage (muet).
Jean de la Lune, Marcel Achard, *Les Caprices de Marianne*, Musset, *L'Illusionniste*, Sacha Guitry, *Mélo*, Henry Bernstein, *La Beauté du Diable*, Jacques Deval, en tournée des Galas Karsenty-Herbert. *Le Jour*, Henry Bernstein, au Théâtre du Gymnase.	1930	*L'Enfant de l'amour*, Marcel L'Herbier.
Richard, Alfred Fabre-Luce, *La Route des Indes*, H.M. Harwood et J. Deval, *145 Wall Street*, Eve Curie, au Théâtre du Gymnase.	1931	*Jean de la Lune*, Jean Choux et Michel Simon *On purge Bébé*, Jean Renoir *La Chienne*, Jean Renoir *Baleydier*, Jean Mamy.

THÉÂTROGRAPHIE		FILMOGRAPHIE
Le Cercle, Somerset Maugham, *Théodore cherche des allumettes*, Courteline, au Théâtre des Ambassadeurs.	1932	*Boudu sauvé des eaux*, Jean Renoir.
Le Bonheur, Henry Bernstein, au Théâtre du Gymnase.	1933	*Miquette et sa mère*, Henri Diamant-Berger *Du Haut en bas*, G.W. Pabst *Léopold le bien-aimé*, Arno-Ch. Brun.
Le Bonheur Mesdames, Alfred Willemetz, au Théâtre des Bouffes-Parisiens.	1934	*L'Atalante*, Jean Vigo *Lac-aux-Dames*, Marc Allégret *Le Bonheur*, Marcel L'Herbier.
Les Joies du Capitole, Bousquet et Moretti, au Théâtre de la Madeleine. *La Revue de Rip*, sketches, au Théâtre des Nouveautés.	1935	*Quand la vie était belle* (ou *Le Bébé de l'Escadron*), René Sti *Amants et voleurs*, Raymond Bernard *Ademai au Moyen Age*, Jean de Marguenat.
La Poule, Henri Duvernois, au Théâtre des Nouveautés. *Fric-Frac*, Henri Bourdet, au Théâtre de la Michodière.	1936	*Sous les yeux de l'Occident*, Marc Allégret *Moutonnet* (ou *Moutonnet à Paris*), René Sti *Les Jumeaux de Brighton*, Claude Heymann *Le Mort en fuite*, André Berthomieu. *Faisons un rêve*, Sacha Guitry *Jeunes filles de Paris*, Claude Vermorel
Crions-le sur les toits, Sacha Guitry au Théâtre des Champs-Elysées.	1937	*La Bataille silencieuse* (ou *Le poisson chinois*), Piere Billon *Naples au baiser de feu*, Augusto Genina *Drôle de drame*, Marcel Carné *Boulot aviateur* (ou *Fripons voleurs et Cie*), Maurice de Chanonge. *Si tu m'aimes* (ou *Mirages*), Alexandre Ryder. *Le Choc en retour*, Monca et Keroul.
	1938	*Les Disparus de Saint-Agil*, Christian Jaque. *Quai des Brumes*, Marcel Carné. *Les Nouveaux riches*, André Berthomieu. *La Chaleur du sein*, Jean Boyer. *Belle Etoile*, Jacques de Baroncelli. *Le Ruisseau*, Maurice Lehmann.
	1939	*Eusèbe député*, André Berthomieu. *Le Dernier Tournant*, Pierre Chenal. *Noix de coco*, Jean Boyer. *La Fin du Jour*, Julien Duvivier. *Cavalcade d'amour*, Raymond Bernard. *Fric-Frac*, Maurice Lehmann. *Derrière la façade*, Georges Lacombe. *Circonstances atténuantes*, Jean Boyer. *Les Musiciens du ciel*, Georges Lacombe. *Paris-New York*, Claude Heymann.
	1940	*La Comédie du Bonheur*, Marcel L'Herbier. *La Tosca*, Charles Koch.
	1941	*Le Roi s'amuse*, Mario Bonnard.
	1942	*La Dame de l'ouest*, Charles Koch.
	1943	*Au Bonheur des Dames*, André Cayatte. *Vautrin*, Pierre Billon.
Le Portier du Paradis, Eugène Gerber, au Théâtre Pigalle.	1944	

THÉÂTROGRAPHIE		FILMOGRAPHIE
	1945	*Un Ami viendra ce soir*, Raymond Bernard.
	1946	*Panique*, Julien Duvivier. *La Taverne du Poisson couronné,* René Chanas.
	1947	*Non coupable*, Henri Decoin. *Les Amants du Pont St-Jean*, Henri Decoin. *La Carcasse et le Tord-cou*, René Chanas.
	1948	*Fabiola*, Alessandro Blasetti
	1949	*La Beauté du Diable*, René Clément.
Fric-Frac, Edouard Bourdet, au Théâtre Antoine.	1950	*Les Deux vérités*, Antonio Leonviolla.
	1951	*La Poison*, Sacha Guitry. *La Cité du Midi*, Jacques Baratier (court métrage). *Hôtel des Invalides*, Georges Franju (court métrage). *Vedettes sans maquillages*, Jacques Guillon (court métrage).
	1952	*La Fille au fouet*, Jean Dréville. *Brelan d'as*, Henri Verneuil. *Monsieur Taxi*, André Hunebelle. *Le Rideau rouge*, André Barsacq. *Le Chemin de Damas*, Max Glass. *La Vie d'un honnête homme*, Sacha Guitry. *Le Marchand de Venise*, Pierre Billon. *Femmes de Paris*, Jean Boyer.
	1953	*L'étrange désir de M. Bard*, Gaza Radvanyi. *Saadia*, Albert Lewin. *Par ordre du Tsar*, André Haguet. *Quelques pas dans la vie*, Alessandro Blasetti.
Charmante soirée, Jacques Deval, au Théâtre des Variétés.	1955	*L'impossible M. Pipelet*, André Hunebelle. *Mémoires d'un flic*, Pierre Foucauld.
	1956	*La joyeuse prison*, André Berthomieu.
	1957	*Les trois font la paire*, Clément Duhour. *Un certain Monsieur Jo*, René Jolivet.
	1958	*Ça s'est passé en plein jour*, Ladislav Vajda. *La Femme nue et Satan*, Victor Trivas.
	1959	*Austerlitz*, Abel Gance. *Simenon, L'Arbre à Romans*, Jean-François Hauduroy (moyen métrage)
	1960	*Pierrot la tendresse*, François Villiers. *Candide*, Norbert Carbonneaux. *Nicolas mon ami*, Fernand Reymond (court métrage suisse).
Alcool, Jacques Robert, au Théâtre de l'ABC.	1961	*Le Bateau d'Emile*, Denys de la Patellière.

THÉÂTROGRAPHIE		FILMOGRAPHIE
	1962	*Le Diable et les dix commandements*, Julien Duvivier. *Cyrano et d'Artagnan*, Abel Gance.
	1963	*Le Train*, John Frankenheimer.
Charmante soirée, Jacques Deval, au Théâtre de l'Ambigu.	1964	*Steinlen*, Alain Saury (court métrage). *Mondo di notte*, Gianni Proia (court métrage).
Du vent dans les branches de Sassafras, René de Obaldia, au Théâtre Gramont.	1965	*Deux heures à tuer*, Ivan Govar. *Ecce homo*, Alain Saury (court métrage). *Michel Simon*, Ole Roos (court métrage).
	1966	*Le vieil homme et l'enfant*, Claude Berri.
	1967	*Ce sacré grand-père*, Jacques Poitrenaud.
	1970	*Contestation générale*, Luigi Zampa. *La Maison*, Gérard Brach.
	1971	*Blanche*, Valerian Borowczyk.
	1972	*La plus belle soirée de ma vie*, Ettore Scola.
	1974	*Le Boucher, la star et l'orphelin*, Jérôme Savary.
	1975	*L'Ibis rouge*, Jean-Pierre Mocky.

NOTES

[1] Paul Naville, «Guide de la vieille-Genève», éditeur Alexandre Julien, 1942.

[2] «Revue du Vieux Genève», 1992, «Mozart à Genève», étude de Bernard Lescaze.

[3] «Centenaire de la Restauration genevoise», Chancellerie d'Etat, 1947.

[4] Idem.

[5] Paul Guth, «Michel Simon», Paris, Calman-Lévy, 1951.

[6] Jean-Marc Loubier, «Michel Simon», Paris, Ramsay/Cinéma, 1989.

[7] Michel Simon dans un entretien accordé à Radio Lausanne en 1961.

[8] Lyne Anska, dans une conversation avec l'auteur, 1991.

[9] Charles Dollfus et Edgar de Geoffroy, «Histoire de la locomotion terrestre», Paris, L'Illustration, 1935.

[10] Freddy Buache, «Michel Simon», Bienne, Panorama, 1962, et Genève, Promédition, 1991.

[11] Idem 10.

[12] «La Vie ouvrière», février 1969.

[13] Idem 8.

[14] Jean-Paul Galland, «dictionnaire des rues de Genève», Genève, Promédition, 1983.

[15] Michel Laclotte, «dictionnaire des grands peintres», Larousse, 1976.

[16] Edmond Duranty, «la nouvelle peinture», Paris, 1876.

[17] Roland Barthes, «la chambre claire», Paris, L'Etoile/Gallimard/Seuil, 1980.

[18] Antoine Bonifacio, «L'époque contemporaine 1789-1970», Paris, Hachette 1971.

[19] Michel Simon, «Pensées», Genève, «Au Temps Perdu, 1979.

[20] Roger de Candolle, «Histoire du théâtre à Genève», Genève, Roger de Candolle, 1978.

[21] «Les lettres françaises», 18.05.61.

[22] Idem 5.

[23] Christian Plume et Xavier Pasqualini, «Michel Simon», Paris, Alain Lefeuvre, 1981.

[24] Huitième numéro de Télérama.

[25] Idem 5.

[26] Léo Lapara, «Dix ans avec Louis Jouvet», France-Empire, Paris, 1975.

[27] «Chantecler», 16 avril 1927.

[28] Jeanne Carré, «728 jours avec Michel Simon», France-Empire, Paris, 1978.

[29] Georges Sadoul, «Histoire du cinéma mondial», Paris, Flammarion, 1949.

[30] Georges Beaume, «Vedettes sans maquillage», Paris, La Table ronde, 1954.

[31] Georges Bernstein-Gruber et Gilbert Maurin, «Bernstein le magnifique», Paris, Lattès, 1988.

[32] Idem 5.

[33] Le Dictionnaire du Cinéma (Paris, Larousse, 1986) affirme, à tort, que Jeanne Marèze n'a pas tourné «La chienne» en raison de son décès pourtant survenu *après*. Rectification ultérieure.

[34] Jean Renoir in: «Les cahiers du cinéma, numéro 78.

[35] Alice Cocéa, «Mes amours que j'ai tant aimées», Paris, Flammarion, 1958.

[36] Didier Daix dans «L'Echo» du 22 décembre 1933).

[37] P.-E. Sales-Gomez, «Jean Vigo», Paris, Le Seuil, 1957.

[38] «Ecrits de Renoir», Paris, Ramsay-Poche, 1989.

[39] Jean-Louis Mingalon, «Le Monde», supplément radio-télévision des 6/12 janvier 1992.

[40] Michel Simon cité par Jacques Siclier dans nécrologie de l'acteur, «Le Monde» du 31 mai 1975.

[41] On peut relire, d'Alphonse Boudard: «La fermeture», Paris, Robert Laffont, 1986.

[42] Matoune, «Madame Sphynx vous parle», Paris, Euredis, 1974.

[43] «Arletty ou la liberté d'être», Christian Gilles, Paris, Séguier, 1988.

[44] Idem 6.

[45] Idem 28.

[46] Idem 8.

[47] «Pour Vous», 15 avril 1937.

[48] Edmond Sée, directeur du Service du contrôle des films, Ministère de l'éducation nationale, circulaire du 25 octobre 1937.

[49] Michèle Morgan, «Avec ces yeux-là...», Paris, Robert Laffont, 1977.

[50] Simone Berteaut, «Piaf», Paris, Robert Laffont, 1968.

[51] «Le Figaro», 9 mars 1938.

[52] Jean Hort, «La vie héroïque des Pitoëff», Genève, Pierre Cailler, 1966.

[53] Idem 26.

[54] «L'Aurore», article signé «L'Homme masqué», Paris, 15 janvier 1944.

[55] Idem 5.

[56] Idem 8.

[57] Jean Cocteau, «Le foyer des artistes».

[58] Idem 8.

[59] Idem 23.

[60] Idem 5.

[61] Georges Simenon dans une conversation avec l'auteur, 1975.

[62] Henri Jadoux, «Sacha Guitry», Paris, Perrin, 1982.

[63] Idem 10.

[64] André Bazin cité par Pierre Leprohon, «Chaplin», Paris, Séguier, 1988.

[65] Charles Chaplin, «Histoire de ma vie», Paris, Robert Laffont, 1964.

[66] Idem 6.

[67] Robert Dalban dans une conversation avec l'auteur, 1980.

[68] «Cahiers du cinéma», n° 173.

[69] Lana Marconi, «Et si Guitry vous était conté...», Paris, Le livre contemporain, 1960.

[70] «François Simon, acteur», ouvrage collectif, Lausanne, Pierre-Marcel Favre, 1986.

[71] «Cinémonde», 9 janvier 1958.

[72] Hervé Le Boterf, «Robert Le Vigan», Paris, France-Empire, 1986.

REMERCIEMENTS

Cet ouvrage a pu être réalisé grâce à l'efficace collaboration de la Cinémathèque Suisse à Lausanne, et, tout particulièrement à l'aide précieuse de M. André Chevailler.

DISCOGRAPHIE

Lectures classiques:

LOUIS-FERDINAND CÉLINE: Voyage au bout de la nuit, extraits, avec aussi Arletty, 33T, Vogue LVLX 242.

GEORGES COUTELINE: Théodore cherche des allumettes, 45 T., Canetti, distr. CED 260.001.

FRANZ KAFKA: Rapport pour une Académie, 33T, Jacques Canetti, distr. Polydor 48.814.

Succès personnels:

JEAN DE LA LUNE: Version intégrale avec Madeleine Renaud et Marcel Achard, 33T, chez Decca, 105.015-16. Extraits (avec Armontel), 78T et 45T chez Columbia. Reprise en 33T dans «Scènes du théâtre de boulevard». Columbia CCTX 204.579.

DROLE DE DRAME: extraits (avec Jean-Louis Barrault, Louis Jouvet et Françoise Rosay), 33T, Pacific 2302B.

Chansons:

«Elle est épatante», «Le petit Negro», 45T Columbia 006.10527.

«Mémère», «Pour apprendre l'air», 45T Philips 437.488.

«Printemps sans amour» (tiré du film *Pierrot-la-Tendresse*) et «L'Herbe tendre» (du film *Ce sacré grand-père*), 45T, Fontana 460.726.

«Michel Simon chante Bernard Dimay»: 45T, Phipips 432.727.

DISTINCTIONS

1947 – Grand prix d'interprétation masculine au festival de Locarno pour *Non coupable*.

1949 – Grand prix d'interprétation masculine au festival de Punta del Este pour *La Beauté du diable*.

1964 – Anneau Hans-Reinhardt.

1965 – Hommage de la Cinémathèque française.

1967 – Pour *Le vieil homme et l'enfant:* Hommage du festival de Cannes, Prix d'interprétation au festival de Prague, Ours d'argent au festival de Berlin, Prix d'interprétation au festival de Panama, Prix spécial du jury au festival de Cuneo.

1968 – Hommage du musée d'Art moderne de New York

Sources Photographiques

Archives du Collège Calvin, Genève:

132 (2) en haut.

Bibliothèque publique et universitaire, Genève:

15 (3), 17 à gauche, 19 (2), 21, 22, 27, 30 à gauche, 31 (2), 34 en bas, 45 à droite, 69 au centre, 91, 105, 112 à droite, 140 en bas à gauche, 147 en bas.

Jean-Pierre Bourgeron, Paris:

24, 25, 28 en haut, 35 en haut, 39.

Centre iconographique genevois, Genève:

9, 12 à gauche, 14, 16, 26, 28 en bas, 29.

Cinémathèque Suisse, Lausanne:

Couverture, 2, 4 (8), 6 et 7, 10 (2), 11 (2), 12 à droite, 13, 17 à droite, 18, 20, 23, 30 à droite, 33 (2), 35 en bas, 36, 38, 40, 41, 42 et 43 (14), 44 (2), 45 à gauche, 46 et 47 (11), 48 (2), 49, 50 (4), 51 (2), 52, 53 (2), 54 (4), 55 (2), 56 (2), 57 (4), 58 (3), 59 (3), 60 (2), 61, 62 (2), 63 (2), 64 et 65, 66, 67, 68 (2), 69 à gauche et à droite, 70 (3), 71, 72 (2), 73, 74 (4), 75 (3), 76, 77, 78 (3), 79 (2), 80, 81, 82 (3), 83 (3), 84, 85 (3), 86 (3), 87 (3), 88 (3), 89, 90, 92 et 93 (2), 94 (3), 95 (2), 96, 97, 98 (2), 99, 100, 101 (3), 102 et 103, 104, 106 (5), 107 (2), 108 (2), 109 (2), 110 (3), 111 (2), 112 à gauche, 113, 114 (2), 115 (2), 116 et 117 (17), 119 (4), 120, 121 (2), 122, 123, 124 (3), 125, 126 (4), 127 (2), 128 (4), 129, 130, 131, 132 en bas, 133 (4), 134 (2), 135, 136 (3), 137 (3), 138 (3), 139 (3), 140 en haut et à droite, 141 (2), 142 (2), 143 (3), 144, 145, 146 (3), 147 (4) en haut, 148, 149, 150 (2), 151 (2), 152.

Jacqueline de Jomaron, Paris:

32, 34 en haut, 37.

Musée d'Art et d'Histoire, Genève:

118.